土と人と種をつなぐ広島

社団法人むすぶ広島
井綾美

もくじ

◆広島の料理人インタビュー◆

はじめに

持続可能な社会をうたいながらも経済効率を優先する物づくりから脱却できないまま、私たちの周りは不安を抱えながら目まぐるしく動き続けています。

そんな中で、今見直したいのが「農業」という存在です。あなたが暮らす町にも地域に根ざし、その土地の人の胃袋を満たすことに喜びを覚える農業があるはずです。その価値に気づき、認め、みんなで守る社会であって欲しいと願います。

農業は、常に自然と共にあります。自然はわがままで農家の都合には合わせてくれません。大雨になるかと思えば、一滴も降らない日照りが続く。冷夏だと思えば猛暑、暖冬に困ったかと思えば大雪に見舞われる。それでも、農家は鍬《くわ》を捨てない。その辛抱強さはどこから生まれてくるのか、敬意をもって目を向けたいと思います。

多くの農家は年々歳々繰り返される農の営みのなかで土と向き合い、知恵を蓄え、種を育みます。経済から離れた場所で、土から生まれる生命を愛おしんでいます。もちろん生活するために経済は必要です。が、損得勘定抜きで畑を守りたいのだという農家の声を聞けば、食べさせてもらう私たちもそれをしっかりと応援せねばという気持ちになります。

近年の気候変動や度重なる災害で、農業を取り巻く環境は厳しくなっています。それでも諦めることなく、きょうも土に向かう農家の気持ちを感じていただきたい。一粒の種から生まれる生命の強さを知り、食の隣にある農の豊かさを知り、農はあなたの隣にあることを感じていただきたいと思います。

農は知らない世界ではなく、食べるあなたの隣にあります。

あなたの「いただきます」が、きっと農家の大きな励みになります。

農耕が始まった古代から「食が生まれる場所」であり続ける田畑が、あなたにとってもだいじな場所であると思えますように。本書をお届けします。

《第一章》種のはなし

「種子は三っ粒、播けばよい。
親指と人差し指と中指で、種子をひねるようにして、
土に落としていく。
一っ粒は神様の種子、一っ粒は人のため、
最後の一っ粒は鳥のために播くと昔の人はいったもんだ」

これは明治31年生まれ
東京都檜原村の農家 小田海栄さんの言葉。
種が、森羅万象、人の営み、自然の営み、動物の営み、
植物の営みのなかにあることを教えてくれる。
（『在来作物を受け継ぐ人々』 増田昭子著より）

広島菜の種を宿す鞘（さや）

一粒万倍《ひとつぶまんばい》

野菜が実りの時期を終えて花を咲かせると、種を採ってまたその種を蒔いて実らせる。ときには、よその土地から良い野菜の種を譲り受け、じぶんの畑にその種を蒔く。すると、種は時間をかけてその土地に適応し、土地の風土に合った野菜となって子孫を残していく。

実は、日本が原産の野菜は少ない。もとからあったものと言えばセリ、フキ、ミョウガ、三つ葉、ワサビ、自然薯といったところか。

大根を例にとってみよう。今やその品質で世界に誇る野菜となっているが、原産地はヨーロッパの地中海沿岸であるといわれている。それが中国に渡り、日本へやって来た。『古事記』にすでに大根らしき野菜についての記述があるという。そして、江戸時代に入ると参勤交代などで全国からさまざまな産物が集められ、また全国各地へと運ばれて、大根の種も各地の風土になじんで大きさも形も違う土地固有の品種となった。世界一大きな大根といわれる桜島大根、世界最長の守口大根、京野菜として有名な聖護院大根などさまざまである。

このように気候風土に応じて姿形を変え、何百年も生命をつないできた野菜の生命力には驚かされる。これらのように環境に適応しながら種が生き残り、適応力をもって性質が固定された種を「固定種」という。さらには、特定の地域で採種と播種を繰り返し、その土地の気候風土に適応した種を「在来種」という。

「一粒万倍（ひとつぶまんばい）」という言葉がある。一粒の種が一年後には一万倍に増え、二年後はそのまた一万倍で一億粒。健康な種は驚くべき生命力をもって自らを増やしていく。それらが、わたしたちの食を満たしてきた。

生命をつなぐことなく一代で役目を終える「F1種」

1960年（昭和35年）頃までは、世界で蒔かれる種のほとんどは固定種であったという。しかし、経済が成長期に入り、都市部への人口流入が加速すると、食料の安定かつスピーディーな供給が求められるようになった。いわゆる大量消費時代の始まりである。

そこで、本来、収穫時期や大きさ、形などにばらつきがあって当たり前の野菜

※伝統野菜には特に明確な定義はなく、主に日本各地で古くから栽培されてきた地方野菜のことを言う。
農林水産省のホームページでは「ある土地で古くからつくられ、採種を繰り返していく中で、その土地の気候風土に合った野菜として確立したもの」と説明している。

にも、一定の収穫量の確保や質の規格化が求められるようになった。そこに台頭したのが「F1（First filial generation）種」である。F1種とは人為的に改良された種のことで、大きさがそろい、成長が早く、味も均一に育つ特徴を持つ。

F1種が野菜の大量生産を可能にし、さらにビニールハウスの導入が周年供給を可能にした。日本でも高度成長期に入り、野菜のほとんどがF1種に移行した。増え続ける世界人口の食料を確保する点からいえば、F1種は否定できない。必要な種であるといえよう。ただ、F1種は、種をとって次の年に蒔いても思うような収量と品質が得られない。つまり、一代限りの種なのである。

幾百年続く生命を宿す「在来種」

F1種の台頭により、種とりに手間がかかり、生育や品質にばらつきのある固定種、在来種は大消費地向けの市場からはそのほとんどが姿を消し、地域の農家が種を守るにとどまった。

そうして、消えずともかすかに生命の火を灯しながら、半世紀近くの間限られ

種採り用に保存された広島菜の株。自然のままに光と風を受けながら年を越して花を咲かせ、種を宿す。採れた種がまた畑に蒔かれて新しい年の広島菜が育つ。生命の循環がここにある。

た地域の需要にとどまった固定種、在来種であるが、１９８０年代から地産地消や地域の産品の掘り起こしの意識が高まり、新たに[※]「伝統野菜」「地方野菜」と呼ばれて注目を浴び始めた。地域の人たちが守ってきた種を絶やすことなく保存し、継承していこうという動きがここにきて活発になったのである。

在来種で栽培される在来野菜は、単に食料というだけでなく、それらの由来や歴史的位置づけ、風土や環境から生まれた栽培技術など、文化的な価値があることを忘れてはならない。似たような風景の町に、同じような種類の野菜が並ぶ店。画一的になりがちな町に特徴的な野菜があることは、地域の有用資源として喜ばしいことである。野菜に、住む町の名がついていればなおさらである。

《第二章》

広島菜のはなし

広島の水脈、太田川が運んだ土砂が畑を肥やし、
働き者で知られた川内の農家が耕し、
種を継いできた「広島菜」。
高菜、野沢菜と並ぶ
日本三大漬け菜の歴史をたどる。

広島菜の生い立ち

野菜は、前章で述べたように、人の手によってAという土地からBという土地に運ばれ、Bに根付き、Bの風土に適応して「その土地の野菜」として定着する。では、誰の手によって運ばれるかというと、多くはその野菜に魅力を感じ、自分の土地で育ててみたいという人の手によって運ばれるのである。

それでは、広島の伝統野菜として知られる、広島市安佐南区川内を主な産地とする広島菜の場合はどうか。どのようにして川内に根付いたのか、その歴史を見てみよう。

広島菜は、もとから川内にあった野菜ではない。どこから、誰の手によって運ばれ、この地に根付いたかについては諸説ある。入手できる限りの資料に目を通したが、諸説ある中からこれが正しいと言える根拠も見当たらなかった。よって、本書では、いくつか広島菜について書かれた資料からその内容を紹介しておこうと思う。

川内を含む地域の歴史を書いた[※1]『佐東町史』に、広島菜について次のような記述がある。「明治二十五年頃の早春、川内村字温井の篤農青年[※2]木原才次（慶応二年七月十四日生）が、京都西本願寺参詣の後、名所旧跡巡遊の途次、洛外某寺の菜苑で、

※１　佐東町史は1980年発行。1955年、川内・緑井・八木の各村が合併して佐東町が生まれた。1973年３月広島市に編入されて町名は消滅した。
※２　木原才次と木原佐市、人名の記述に相違があるが原文のまま記載した。
※３　『広島菜伝来』には木元熊一と書かれていたが木本熊市が本名（三上昭荘『広島菜栽培地域川内地区の経済地理学的研究』より）。

多葉性の珍葉を発見（観音寺白菜）し、住職に乞うて数株を貰ひ受け、帰郷後、これと在来の京菜と、混植交配採種し、数カ年にわたる優性淘汰の試験栽培の結果、ついに新品種固定に成功したのが、すなわち広島菜発祥の原点である」

また、広島の民俗学者神田三亀男は１９６８年に広島農業協会より刊行された『広島農業』の中の「広島菜伝来」で、広島菜のもとになった野菜が川内に持ちこまれた話には二つあると書いている。一つは「明治のはじめ安佐郡川内村の※2木原佐市という青年が、京都本願寺に参詣のおり、某寺の菜園で広島では見ることのない漬け菜を見つけそれを持ち帰って栽培し、十数年にわたって品種の改良に専念して、今日の広島菜をつくり出したという」。もう一つは「川内村の※3木元熊一さん（１８８０－１９５９年）に聞いた話では、木原佐市さんが京都から持ち帰ったものではなく、広島市横川にある奥さんの里で立ち菜を作っており、これをもらって作り始めたという。熊一さんによると、木原佐市さんは横川あたりの農家が立ち菜を作っては市内の漬物業者に売って儲けていると聞いて販売にも努力した」というもの。

「木原才次さんが京都から持ち帰った」のか、「木原佐市さんが横川から貰い受けた」のか、さてどうなのか。

ともかく、広島菜が本格的に作られるようになり、広島菜と呼ばれ始めた1900年（明治33年）頃が川内の広島菜のはじまりと捉えて**「130年の歴史ある川内広島菜**（2023年現在）**」**と誇れることには間違いがない。

広島菜の名前の由来

川内の地に根づいた菜っ葉が、いつから「広島菜」と呼ばれるようになったか。神田三亀男の『広島菜伝来』には「木元熊一さんの話では明治35年から40年頃には木元さんも木原さんに種採り栽培をすすめられ、八方から（種の）注文が来て、畑の菜も飛ぶように売れた。それほど人気を博すようになって、それまで「立ち菜」「京菜」と呼ばれていたものが「川内菜」と呼ばれるようになった」とある。

さらには、「同じ木元さんの話で、明治45年頃、川内村の肥とり宿屋の主人木村仙次郎という人が野菜を集めては船で広島市場に運んでいた。この人（とその仲間）たちが「立ち菜」「京菜」という呼び名をやめて「広島菜」と呼び始めた」とある。

また、1924年（大正13年）刊の松川二郎著『珍味を求めて舌が旅をする』には「野菜の京菜も名産と云ってよい。市内観音新開の新らしい沖積層に栽培される柔かい美味い菜である。何方が本家かしらないが、広島では京菜、京都では広島菜と呼んで、互ひに尊敬し合っている」とある。これによれば、すでに大正末期には広島菜の名称が確立していたことが分かる。

また、先述の『広島菜伝来』には「川内農協の溝口さんの話では、1929年（昭和4）年川内尋常小学校4年生の時、朝礼で校長先生から広島県ではこの土地の菜を広島菜と呼ぶことに決められ、特産物として奨励することになったと聞かされた」とある。

そして、川内を含む広島市で広島菜という呼称が一般化したのは1933年（昭和8年）、広島県産業奨励館で正式に広島菜の名で展示された頃という。広島県産業奨励館といえば、1945年(昭和20年)の原爆によって破壊され、現在は原爆ドームと呼ばれて世界平和を祈るシンボルとなって保存されている。

川内の農法

農業を経済的価値だけで捉えたら、
とりかえしのつかぬ悔いを
残すことになるのではないかと、常々思っている。
土の上に生活の根をおく人々が、
生み出してきた農の知恵、
働く姿の美しさは「文化」である。
地方独特の農習慣や言葉も文化的価値があるといえよう。
経済や効率優先で消えていくのは残念でならない。
畑の足跡として記憶にとどめておきたい。
耕す、蒔く、運ぶ、
担ぐ、編む、結ぶなど、
土地に根ざした農法や
使う道具には合理性が見られる。
長い栽培の歴史をもつ広島菜の畑にも、
先人が残した技や道具がある。

【がんぎを切る】

太田川と古川の二つの川に挟まれ、太田川から流れ込む土砂が堆積して出来た川内の土は水はけが良く、しかも保水性が高い。したがって畑は畝を立てる必要がなく、植え付けの後、平たい鎌で「がんぎを切る」(浅い溝を作る)。

※「がんぎを切る」は、畑に種を蒔くための溝をつくる意の方言。和歌山から西の京都、島根、岡山、山口などで使われてきたという。
※日本国語大辞典(小学館刊)参照

【敷き藁《わら》】

川内だけでなく全国に昔から伝わる農法で、刻んだ稲藁を種を蒔いた上や作物の間に敷く。藁を敷くことによって、土の乾燥を防いで作物の発芽を助ける、藁と土の間に空気が含まれるため作物の呼吸を助ける、雨がはねて作物に当たるのを防ぐ、役目を終えたら微生物に分解されて肥料になるなど、多くの利点がある。

広島菜の産地でも敷き藁をしていたが、近年、漬物工場へ出荷する際に畑の藁が葉に付いていると、商品となる漬物に混入するおそれがあるとして廃止。縄、わらじ、野菜の結束、藁葺き屋根など、さまざまな形で生活の役に立ってきた藁であるが、こうした時代の事情によって廃れていく。

【突き切り】

広島菜の収穫には、通称「菜包丁」を使う。この収穫専用の包丁を広島菜の根元に差し込み、ぐいと突く。重さが2kgほどある菜の根元が一瞬でスパッと切れ、葉を傷めず、素早く収穫できる。トラックにいっぱい、約500株の広島菜が、二人の作業で1時間足らずで収穫される。知恵ある農作業用の道具は、他にも農家の納屋にたくさんあるのだろう。

【てねる】

広島菜農家では、出荷先の漬物メーカーとの合意で5株ずつ一つに束ねて出荷する（段ボールに詰めて出荷する場合もあり）。バラで扱うと葉が折れたり破れたりするおそれがあるため、工場では最初に束のまま荒漬けにする。塩をすると葉がしんなりして傷や破れの心配もなくなるので、そこで束をほどく。このとき、ひもが結ばれていると一つ一つほどくのに大変な手間がかかる。そこで収穫して束ねる際に「てねる」手法を使うのである。

ひもを使うが、結ばずねじって交差させる。重さ2kgの広島菜を5つ積み上げて両脚で挟み、ひもをかけてすばやく束ねる技は見事である。

※「てねる」は、束ねるという意の方言。広島、山口、愛媛、鳥取あたりで使われてきたという。

※日本国語大辞典（小学館刊）参照

種をとる

「菜種打つ」「菜種干す」
いずれも初夏の季語である。
季語にあるように、
広島菜も春にトウ立ちして花を咲かせ、
初夏に成熟して種を宿す。
種を宿した鞘《さや》は雨を避けて茎ごと軒下に干され、
晴れ間をみて鞘《さや》から種が出される。
広島菜の農家で毎年行われる種採りのようすを見てみよう。
父親と息子が黙々と励む共同作業を通して、
親から子へ種採りの技が継がれる。

【母本選抜】

種をとる株を選ぶことから「採種」は始まる。株の立ち姿や勢いがあるかなど、広島菜の優れた特性を備えた株を選び、花を咲かせて種を宿すまで、他の場所に移植をして大事に保管する。

【種を宿した鞘《さや》を茎ごと干す】

水分が残っていても乾きすぎても良くない。頃合いを見て種をとる。

茎ごと干しておいた鞘《さや》から種を出す。機械は使わず、足で踏む。

鞘《さや》と種をふるいにかける。

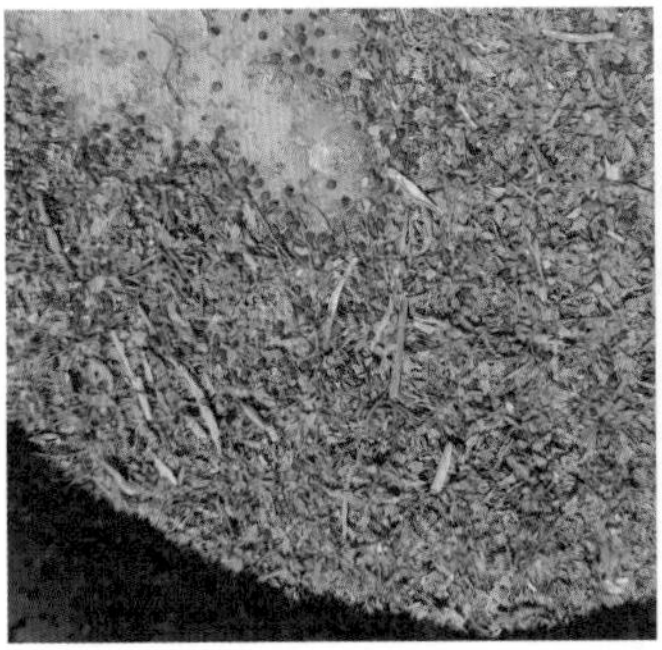

扇風機で鞘《さや》などの夾雑物《きょうざつぶつ》を飛ばす。

次年度用の種が確保できる。
出来ぐあいを確認する。

動画は
こちら

同じようで、ちょっと違う。川内の広島菜

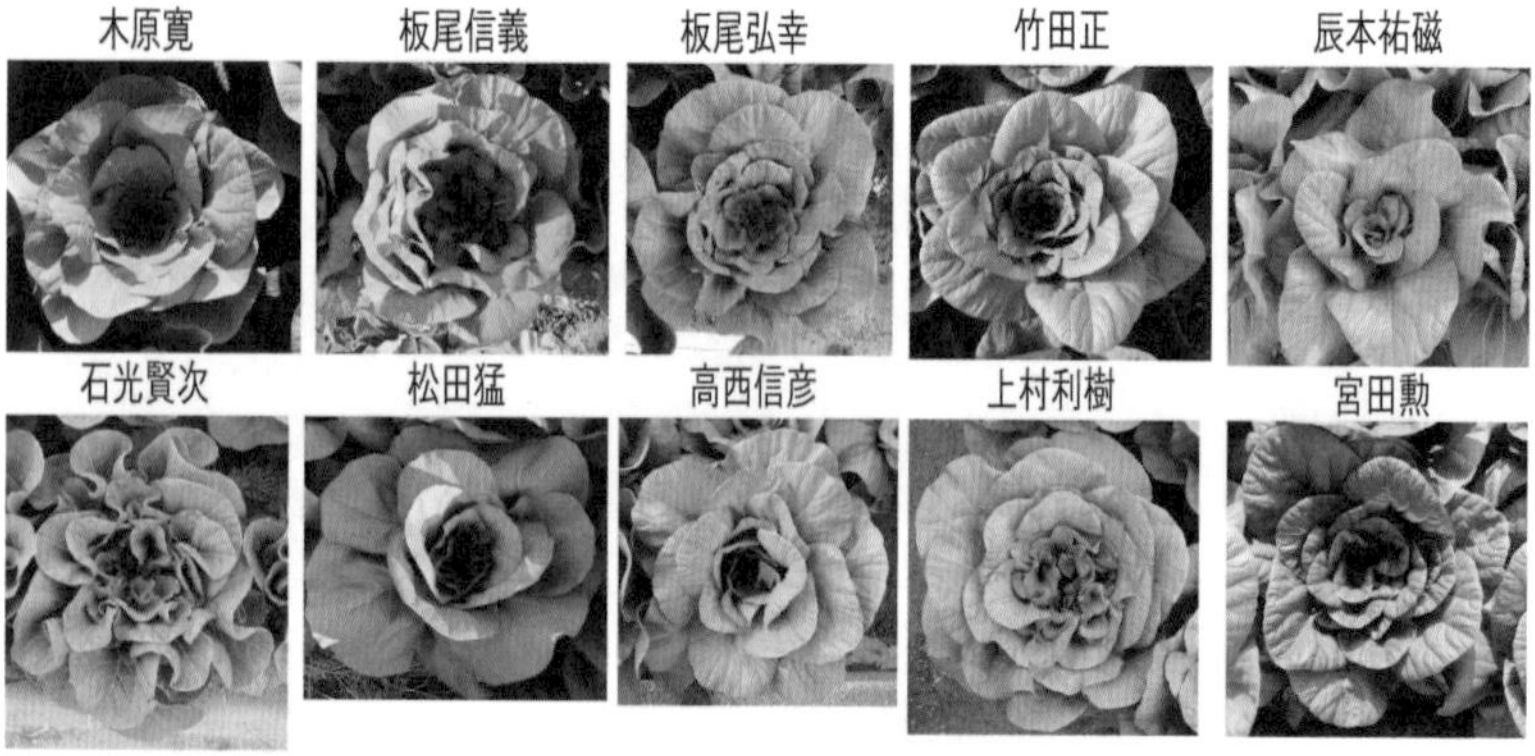

保有する種によって、立ち姿も葉の形も少しずつ違う川内農家の広島菜
写真提供/今田典彦

広島菜はアブラナ科アブラナ属に属する野菜で、白菜とかぶの中間的な性質を持った非結球性の菜である。通常1株が1.5～2kgと重量があり、葉も大きい。菜漬け用の野菜として栽培されているため、生産量のほぼ全てが広島菜漬けとして使用されている。

中国山地から瀬戸内海に流れる太田川流域、広島市安佐南区の川内地区が主な産地で、肥沃で水はけの良い土壌と古くから受け継がれた優れた栽培技術が相まって品質の良い広島菜が生産されている。

耐暑性が劣り、低温感応性が高いため、多くは秋に種を蒔いて年末から年始にかけて収穫をする露地栽培である。品種は大別して立型と開張型がある。さらには、長年農家ごとに採種を続けてきたことから、木原系、板尾系、両祖系といったように各農家が持つ種によって葉や株の形が微妙に異なる。

内婚弱勢が強く、純化が進み過ぎると品質に影響が出るため、川内の近隣農家の株とかけ合わせ、ある程度の種内変異を持たせながらの系統維持を心がけている。

また、他のアブラナ属の野菜との自然交雑で広島菜の変種が生じるのを防ぐため、川内地区では毎年春先に地域をあげて、川土手などに自生しているカラシ菜を抜き取る「カラシ菜退治」を行う。こうした日々の努力によって川内の広島菜の品種は守られている。

広島菜の畑で働く女性達

広島菜を、つなぐ。

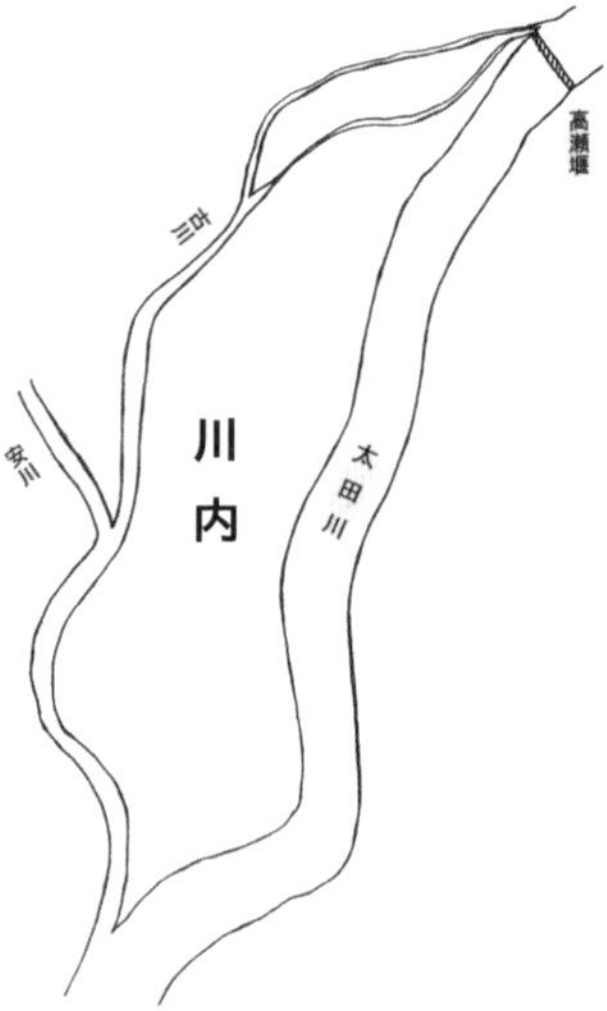

川内のなりたち

広島菜の主産地である川内は、その名の通り2つの川の内にできた土地である。

その昔、人間が竪穴式の家に住み、近くの川で貝を採っていた頃のこと。現在の太田川が氾濫するたびに、上流から土砂が押し流されて海の底に積もり、海が浅くなり、だんだんと陸地が広がった。その陸地が現在の広島市安佐南区八木、緑井あたりである。

そして、さらに太田川の内に島ができ、人が田畑を作り、やがて住み着いた。それが「川内」の始まり、川の内すなわち川内である。昭和の終わりに実施された川内地区のボーリング調査でも、川内の地域が川の底にあったことが証明された。数十m掘り下げて出て来たものは、太田川の水によって運ばれた礫《れき》や砂、泥であった。

現存する資料に記録が残る川内最古の洪水は太田川の流れを変えるほどの大洪水で、川内のみならず広島城の石垣も崩壊したとある。その後もたびたびの洪水に見舞われ、田畑も崩壊したが、そのたびに復興。「川内の農家は粘り強い」といわれるのは、そうした苦難に耐えて鍛えられた血を受け継いで

とんこ石の石垣

いるからかもしれない。

そして、洪水のたびに太田川が運んだ土砂は、川内の地を肥やした。水はけが良く肥沃な土地が、広島菜の主産地として栄えた歴史を作ったといってもよいだろう。

1607年（慶長12年）の大洪水で流れを変えた太田川であるが、これによりもとの太田川を古川、新しい流れを新川（現在の太田川）と呼ぶようになった。昭和の初め頃までは、太田川を新川と呼ぶ人も多かったという。

水とたたかい、水に恵まれて

大雨が降ると、そのたびに太田川の堤防が決壊して大きな被害を受けるという地域にあり、昭和の時代にはその対策として古川を締め切る工事や、高瀬堰《せき》を固定堰から可動堰に改良する工事などが行われた。また、集落では耕地や人命を守るために周囲を堤防で囲み、建物を高い石垣の上に建てた。

石垣には河原から拾ってきた丸い石が使われた。これを川内では「とんこ石」と呼ぶ。とんこ石が積まれた石垣は、今でも川内の集落内に残っている。

また、船で物資を運ぶ水運には恵ま

太田川を航行する帆かけ船（大正時代、現在の高瀬堰付近）

れていたものの、干ばつに見舞われることがしばしばあった。そこで、干ばつ対策として農業用水路を作った。今も残る「川の内用水」である。

川の内用水の完成によって、稲作や畑作の収穫量は大きく伸びた。

川の内用水沿いには、ところどころ階段が作られている。これを「洗い場」といい、農家が野菜や農具をここで洗ったり、洗濯をしたりした。

野菜の一大供給地として発展

1930年（昭和5年）頃までの川内は、米と養蚕が盛んな地であったが、第二次世界大戦では軍都広島市の人口増などで野菜の供給が求められ、桑畑が一気に野菜畑に変わった。広島市の陸軍、呉市の海軍が野菜の生産を奨励したため、毎日野菜をいっぱい積んだトラックが行き交い、川内はかつてない景気にわいたという。

しかし、1943年（昭和18年）には、大洪水で川内全体が土砂で埋まった。さらに、その砂出しも終わらないうちに、1945年（昭和20年）の原爆によって、多くの働き手を失ってしまった。

原爆投下、夫や子を失いながら畑を守った女たち

川の内用水の洗い場

広島菜の歴史は、1945年(昭和20年)8月6日の原爆投下を避けては語れない。川内地区は爆心地から約10㎞の位置にあり、直接的な被害はなかったものの、原爆投下当日、川内の多くの人が広島市の爆心地へ出かけていた。その日のことは『原爆に夫を奪われて(神田三亀男編)』に克明に記録されている。当時、川内在住の女性19人が語り部となった貴重な記録である。

　被爆の日、爆心地にいた夫や子どもを探しに出かけ、遺体すら見つけることができなかった家族が多い中、杉田チヨコさん(語り部、当時77歳)は、夫の遺体を火葬できただけでも幸せだと語っている。その記録をここに抜粋しておく。

「村の人はご主人をさがしに連日出て行かれました。わたしの主人は体が戻ってきたし、自分で火葬もしてやれた。わたしゃ幸せものじゃ思いました。主人の影も形も見つけられん人は、悲しみもわたしの何倍か上じゃろう。気の毒に思いましたよ。大分《だいぶ》過ぎたころ、やっと百姓する気が出て来ました。

　畑のもの(作物)は、主人が死のうが、わたしが泣こうが、待ってはくれません。水や肥料をやらねば枯れてしもう。しかし、肥料はありゃせん。広島へ下肥《しもごえ》取りにいくしかない。子供に相談したら「わしが行く」「わしも行く」というてくれましたよ。秀雄には三菱造船をやめさせました。子供を連れて肥取りを始めたんです。

午前一時に起き、ご飯を炊き、二時には肥桶《こえおけ》を馬車に積んで出ました。広島の街はほとんど全滅したが、わずかに広島駅の近くの蟹屋町《かにやちょう》や比治山《ひじやま》の町並みは残っていた。人間の生きとるところでないと下肥は無い。

主人が肥をもろうていた家も蟹屋あたりだった。主人の名前をいうて歩けば、知った人がいて下肥をもらえるじゃろう……。蟹屋町を歩いていたら篠田《しのだ》さんという川内村から出た人に出会った。常会長をしておられました。「下肥を、このあたりでもらえんでしょうか。野菜を持って来ます、それと替えて下さい」「野菜と交換なら、みんなよろこぶじゃろう。近所にもいうたげるよ」。親切な人で、のちには鉄道官舎にもいうてもらいました。

いざ下肥をくむ段になると、息子がくむのをきらうんです。わたしがくみ込み専門、息子ら兄弟が馬車に積む。十ほどの桶《おけ》を積み終えると、あとは子供にまかせ、わたしは急いで大芝土手のがたがた道を通って先に戻り、百姓仕事に精出しました。

冬の肥くみは、寒いのなんの。頭には防空頭巾《ずきん》をかぶり、厚着をしていても、午前三時、四時の寒さは骨身にこたえました。肥タゴを積みあげて風よけにし、二時間近くギシギシと馬車に揺られて出かけたんです。一週間に二回は肥取りをしました。

子供達といち早く肥取りを始めたので、たくさんの肥《こえ》が肥だめにたまりました。自分のところで使う以上に集まったんです。近所には、肥取りをしたくても手間がなくてできない人が、たくさんおられました。馬車があっても主人が亡くなって使えんのです。手車で二里の肥くみは女手には無理です。「畑を打ったげるけえ肥やしをくれんか」とか、「売ってくれんか」という人が出ました。馬車一台を一円七十銭で五、六戸に売りました。肥くみができないほどさびしい百姓はなかったんです。よろこんで

▲広島菜畑が広がる1981年（昭和56年）頃の川内

もらえました。

野菜をたくさん作って、肥車に積み、配分は篠田さんにまかせました。子供達は、肥取りに熱心でした。近所の人にうらやましがられたもんです。「お父さんがおってなら、こんな苦労はさせんのにのう」、よく子供にいったもんです。しかし子供達は、挺身隊や徴用に出ておりましたから百姓の経験はなし、ようしません。四反五畝《せ》の畑を守り、子供を育て上げねばならぬ一心で、雨が降ろうが、照ろうが、畑に出ました。動かにゃ仕事にならんのです。

主人が死んでから病気一つせなんだ。主人が守っとってくれてんじゃろう、そう思うのが働く力になって、畑仕事に打ち込めたんです。子供らが、「無理をすな」とよういうてくれます。無理をして働いとるのを、子供らはよう知っとります。」

（神田三亀男編『原爆に夫を奪われて ―広島の農婦たちの証言―』岩波書店、１９８２年、Ｐ２００〜２０２）

青年団の努力で、広島菜漬けの最盛期を迎える

１９４５年（昭和20年）終戦後、川内の農業も復興した。原爆により働き手を失った農家では残された者が日夜働かねばならない状況にあり、農業環境の改善を図って部落ごとに青年団が結成された。農業の研究会も生まれ、農業指導員を中心に新しい農業技術を学んだ。こうした地域の自発的な活動が川内農業を支え、現在に至っている。

農業研究会ではさまざまな手段で農業の合理化を図ったが、なかでも目立ったのが「バタンコ」と呼ばれたオート

野菜の運搬に使われたバタンコ

三輪車の活用であった。これによって野菜の運搬が飛躍的に楽になり、1955年（昭和30年）頃には川内地区のバタンコの保有台数は300台近くまで増えた。これは当時県下一の台数で、川内でバタンコパレードまで行われた。

また、いち早くビニールトンネル栽培も導入。多種の野菜の通年栽培を実現し、収入を大きく伸ばした。広島菜も漬物としての販売が好調で、農協（当時）に漬物工場が設置され、販路を拡大した。広島菜栽培が最盛期を迎え、作られたのが「広島菜音頭」である。

～その名なつかし　太田の水で
ヤレナソレナ　育てて漬けたこいきな風味
おらが自慢の広島菜漬
ヨイヨイ　ソレヤレソレ
まっとりんさい……

都市化のなか、広島菜は若い力で継がれる

広島の伝統野菜「広島菜」の主産地であり、優良な野菜の栽培地として農

地が守られてきた川内であるが、都市計画道路の整備などによる都市化で人口が急激に増加。1970年（昭和45年）川内の総人口は4320人だったのが、1975年（昭和50年）には約2倍の7868人に増加した。田畑が宅地に変わり、農地は減少した。

かつて川内青年団で活躍した農業者も高齢となり、後継者問題に直面。都市化と高齢化で揺れ動く川内の農業であるが、令和の時代に入り、新世代で結成された「川内若農家の会」の活躍が期待される。

旧広島市民球場で踊られた広島菜音頭

川内の若農家じゃけえ。

来る日も、来る日も、
畑に出て土を起こし、腰をかがめて種を蒔き、
トラクターに乗るじいちゃんの姿を見てぼくらは育った。
日焼けした手で母ちゃんがごはんを作ってくれ、
父ちゃんは日が暮れるまで作業場にいた。
遊び、学校に通う道のそばに、
いつも当たり前のように広島菜の畑があった。
だから自然に、いつのまにかじぶんのなかに
農業と広島菜の血が流れていたんじゃないかと感じてる。

広島の川内には「広島菜」がある！
広島という地名を冠した生きた文化財といえる伝統野菜を
じぶんたちが育てている。
それがぼくらの誇り、やる気。
いま、ぼくらがこうして
川内の未来を真剣に考えていること。
みんなにわかって欲しい、一緒に考えて欲しい。

広島県の※基幹的農業従事者の平均年齢は72・1歳。65歳以上の割合が83・5%を占める（2020年農林水産省調べ）。数字を見てわかるように高齢化が加速する中、ここ広島市安佐南区川内地区には、自分たちの農業を将来へ発展させようとする若い農家のグループがある。

2015年、「川内若農家の会」として活動を始めたメンバーの平均年齢は39歳。およそ130年の歴史をもつ広島菜の産地として知られる農業地区に生まれ育ち、曾祖父、祖父の代からの畑を継ぐメンバーに話を聞いてみた。

広島菜があるから、ここで農業をしたいと思った。

―皆さん川内育ちですが、家が近所で、幼稚園や小学校が一緒といった幼なじみなのですか。

高西　いや、川内は小学校、中学校ともマンモス校ですから、すぐ近くに住んでいても学年が違うと知り合う機会はなかったですね。ここにいる皆、そんな感じですよ。

上村　同じ地元ですから、たどっていけば知り合える感じではあったんです。子どもが通う保育園が

※基幹的農業従事者とは、仕事として主に農業に従事している者をいう。

同じだったり、誰かのお兄さんとは飲み友達だったりとか。

―そうですか。では実際に「川内若農家の会」として集結したきっかけは何だったんですか。

上村　現在、僕らの相談役的な立場をしてくれている今田さんが、皆に声をかけてくれたんです。

今田　じぶんは川内で生まれ育った人間ですが、今は他の地域で農業をしています。川内は今も親が住む故郷で愛着があり、じいちゃんも耕していた農地が都市化の波にさらわれて衰退していくのはほっとけなかったんです。昔はあたり一面畑で、その中にポツリポツリと家が建っていました。が、いつの間にか家に囲まれて畑があるという状況になり、広島の伝統野菜である広島菜の産地でありながら、市街化区域になりました。

　そうなると税金面でも畑を維持するのが大変です。実際、畑の面積は年々減少しています。そんな中、地元で若い人たちが農業を頑張っているという話を聞き、彼らの家を訪ね歩いたんです。

―声をかけ、どうしようと思われたんですか。

今田　声をかけたのは20～30歳代

で、親世代がまだまだ現役で農業を頑張っている、じぶんらよりもひとつ若い世代ですね。まずは彼らと話をしてみようと思ったんです。

上村　そう。僕もそれまで今田さんのことはまったく知らず、家を訪ねてきてくれてからのつき合いじゃね。今田さんが動いてくれたおかげで、一人二人とつながっていき、今では9人の会かな。僕が一応リーダーですが、会則はなく自由な会で、皆でワイワイ。「若農家の会」じゃなく「飲み会」じゃないかと冗談が出るくらいです。でも、親父が教えてくれない（笑）農業の技術を、仲間が教えてくれる。知識の共有、情報の共有ができて、お互い本当に助かってる。

町野　じぶんの技術が足りないところを皆が補ってくれる。ほうれんそうの種の蒔き方、防除の仕方…仲間がいて、ホントありがたいです。

―皆さん、農業を始められたのはいつですか。学校を出てすぐに？

高西　僕は農業関係の仕事をしており、そのうち家の農業を継ぐことになるだろうと考えていました。そのうち…が家の事情で案外早くやってきて、親父と一緒に畑へ出ています。

町野　もともと飲食関係の仕事をしていて、鬱《うつ》になって。川内に親戚の土地があるということで家庭菜園でも始めようかと。そしたら作物を作ってくれんかという話になって、農業を始めました。

蓼丸　僕は学校を出て、すぐに農業に就きました。小さい頃から父を手伝って、長男ということもあり、卒業後は農業をやるんだろうなと思っていました。ちなみに僕で4代目になります。

高岡　僕も1年は会社員だったんです。じいちゃん、ばあちゃんがやっていた農業をいつかじぶんもやってみたかった。それで、二人とも高齢になったんで農業を継ぎました。じぶんには農業は合っていると感じています。

倉岡　僕は食品会社に勤めていました。野菜をふりかけに加工するんですが、習った技術を広島菜の加工に活かせないかと。会社をやめて農業に就いたんですが、今は耕作面積も広がって忙しく、加工品に手を出す余裕はまだありませんね。そのうちやってみたいとは思っていますが。

常田　ばあちゃんが耕していた畑が残っていたので、勤めをやめて農業を始めました。他の地域だと新規就農はなかなか大変だと思うけど、広島菜は漬物用に安定出荷ができるのがいいです。

上村　蓼丸以外は、僕を含め、勤めの経験があります。ですが、皆、家業である農業に戻って来てるでしょ。僕たちのＤＮＡに川内の土と広島菜がすり込まれてるんじゃないかと思うんです。

高西　ここに広島菜がなくて、きゅうりやトマトだったら農業を継いでないかも知れない。そんな気がします。

上村　「広島」という地名がついた伝統野菜ですからね。川内で広島菜を栽培することに誇りのようなものがあります。

―川内の歴史を振り返ると、江戸時代から度重なる太田川の大洪水があり、原爆があり、苦難の道でしたが、戦後、部落ごとに青年団が結成され、自然発生的に農業の研究会が生まれています。そうして農業を復興させているのですが、川内若農家の会はそんなＤＮＡも引き継いでいるのかも知れませんね。

恵まれた川内の土壌を味方に、将来を拓《ひら》いていく。

今田　広島菜は、川内に生まれたわれわれのアイデンティティーなんです。広島菜イコール僕らの農業。あ、僕は広島菜作ってないけど(笑)。それでも、人一倍広島菜に思い入れがあります。

それと、広島菜の生産は収益性が高いということも、川内で農業をやっていける理由のひとつだと思います。川内の土は水はけが良く、畝を立てなくてもいい土壌で、広島菜にしても面積当たりの収量が多いのです。たとえば10アール当たりの収量がキャベツは3トンに対して、広島菜は8トンから10トン。すごいでしょう。

―土に恵まれているから、広島菜以外にも川内の野菜はおいしいといわれますよね。

町野　枝豆、きゅうり、ほうれん

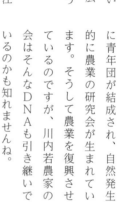

そう…みな、おいしいよね。

高岡　同じ安佐南区の八木地域も同じような土壌なんですが、山が近いから猪が出るんですよね。川内はその名の通り2つの川に挟まれた平地だから獣害がない。これも川内の大きな利点だと思います。

上村　そんな恵まれた環境で農業をやっているわけですが、これからは広島菜だけに頼らず、周年出荷できる新たなブランド野菜を作ろうと「ミニ広島菜」の栽培を始めました。

―大きく生育すると菜漬け用になりますが、小さいうちに収穫して調理用に売り出すものですね。やわらかく、いろいろな調理の可能性がありそうですね。

上村　広島の名物でもあるお好み焼きに、キャベツの代わりに使うとうまいんですよ。「川内焼き」なんて名前で売り出せないかと。これから川内の農業を大きくするためには、菜漬け用の広島菜だけに頼らない新しい産品が必要と考えています。

今田　ミニ広島菜を手に取ってもらうためには、小松菜やほうれんそうにはないメリットを打ち出さんとダメじゃろ。

「都市農業」の価値を高めたい。

―新しい挑戦をしていく川内の農業ですが、「生産緑地」のことも聞いてみたいです。

　1991年の土地税制の見直しで、生産緑地地区以外の市街化

小学生の漬け菜体験

区域内の農地には宅地並みの課税が適応されるようになりました。しかし、この時点で広島市には生産緑地制度がなく、2020年にようやく導入されました。導入して欲しいと声をあげたのが川内若農家の会ですね。

今田　市街地の農業を存続させるためには、絶対に必要な制度です。川内も市街化区域にあり、その農業を将来にわたって残していくために、是が非でも広島市には導入をしてもらわねばならなかった。

上村　先祖代々続けてきた農業を、これからも続けていかなくちゃならない。そのためには生産緑地制度の利用しか考えられなかったですね。

―宅地並みに課税される畑を維持していくのは、大変しんどいですよね。

高西　生産緑地制度を導入すれば、固定資産税は大幅に軽減され、農業を続けられる状況に落ち着きます。

今田　生産緑地制度の導入を要請した目的は、単に税金の問題だけではなかったのですが、まずは減税してもらって畑を維持できることが重要でした。

それで、2017年でしたか、生産緑地の勉強会をスタートさせ、何度も話し合いを重ねながら、広島市に陳情しました。

―生産緑地制度は土地の持ち主が申請して承認される制度ですが、税金が軽減される代わりに条件も厳しいですね。

蓼丸　30年は農地を維持していかねばなりません。でも、僕らまだ若いから大丈夫かと。

高岡　30年続けていけるだろうかと、ちょっと躊躇したのですが、

姉たちも「畑を守ってくれ」と言ってくれたので踏みきれました。

高西　税金が安くなるから農業を続けていけるというのは事実ですが、損得勘定抜きにじいちゃんたちが耕してきた畑を残したいという気持ちがまずありました。

―そうでしたか。生産緑地制度は、街に農業を残す手だてとして大きな力となります。
川内のような街に農業がある意義について、考えを聞かせてください。

町野　住宅に囲まれたなかで農業をやっていくのは正直大変です。トラクターの音がうるさいとか、

防除の作業が迷惑だとか言われて、なかなか理解してもらえない。けっして悪い人ばかりじゃないいんですが…。

今田　農林水産省も「都市農業の多面的機能」を打ち出しているように、街に畑があるメリットは大きいと思うんですよ。お互いに理解を深めながら、住みよい街にしていけたらと思いますね。

倉岡　地域とのつながりといえば、毎年3月に行う「カラシ菜退治」。太田川流域の河川敷に自生するカラシ菜が、広島菜と交雑するのを防ぐために徹底駆除する作業です。それには生産者の僕らはもちろん、JAの職員さんや漬物メーカーの社員さん、そして住民の方々も協力してくださるんです。皆で広島の伝統野菜を守る気持ちが感じられて嬉しいです。

町野　小学生の漬け菜体験、広島菜の栽培体験、中学校の広島菜給食など、地域の子どもたちの食育も進んでいます。

上村　都市の農業を守り、地元の伝統野菜を息子たち世代に伝えていくことは、今、農業をしている僕たちの使命だと考えます。

―ありがとうございました。わたしたち食べる立場の者も、しっかり農業を応援し、支えていかねばならないと思います。

小学生による広島菜の栽培体験

《 都市農業の多面的機能 》 ※下図は農林水産省ホームページより引用

新鮮な農産物の供給

消費者が求める新鮮な農産物の供給、「食」と「農」に関する情報提供等の役割

農業体験・交流活動の場

都市住民や学童の農業体験・交流、ふれあいの場及び農産物直売所での農産物販売等を通じた生産者と消費者の交流の役割

災害時の防災空間

火災時における延焼の防止や地震時における避難場所、仮設住宅建設用地等のための防災空間としての役割

心やすらぐ緑地空間

緑地空間や水辺空間を提供し、都市住民の生活に「やすらぎ」や「潤い」をもたらす役割

国土・環境の保全

都市の緑として、雨水の保水、地下水の涵養、生物の保護等に資する役割

都市住民の農業への理解の醸成

身近に存在する都市農業を通じて都市住民の農業への理解を醸成する役割

※涵養:かんよう

カラシ菜を駆除するようす

生産緑地制度とは

緑豊かで良好な生活環境の確保に効用のある農地を「生産緑地地区」として定め、都市部にある農地の計画的な保全を図るための制度。農業経営に意欲的な後継者を支援し、生活者の食を供給する役目を果たす農地を維持し、消費者に近い場所で生産された新鮮な農産物を供給するなど、都市農業の多面的機能の保全を図る。

広島菜漬ができるまで

野沢菜、高菜と並び
日本三大漬け菜として知られる広島菜。
畑で収穫され、
菜漬工場へ運ばれ、
漬物になるまでをご紹介。

【搬入】

トラックに積まれた広島菜の量は約1トン。束数にして100束。大量の広島菜の束が生産者から菜漬けの責任者へリズミカルに手渡しされ、槽に投げ入れられる。簡単そうに見えるが技術を要し、短時間ですばやく槽を広島菜で埋めるには年季が必要といわれる。

【荒漬け】

束のまま槽に入れた広島菜に塩を振り、５００kgの重石を２つ重ねて二晩おく。広島菜は株が大きく葉が張っているため、葉が傷まぬよう束のまま塩で漬け込まれる。

【洗い】

荒漬けの塩で葉がやわらかくなった株を、丹念に水洗い。水槽にためた水の温度は5℃、広島菜の美しい緑色を保つために、寒さが厳しい冬の日も低温に保たなければならない。広島菜の最盛期には、一日に5トンの広島菜が水洗いされる。一つ一つの株の状態を目で確認しながら製品に回すため、すべてが手作業で行われる。

【袋詰め】

株の形を整え、計量。調味液、切り昆布、赤唐辛子などと一緒に袋詰め。輸送される間にも漬け込まれ、売り場に並ぶ頃においしい漬物になる。

注）菜漬メーカーによって多少工程が異なる。

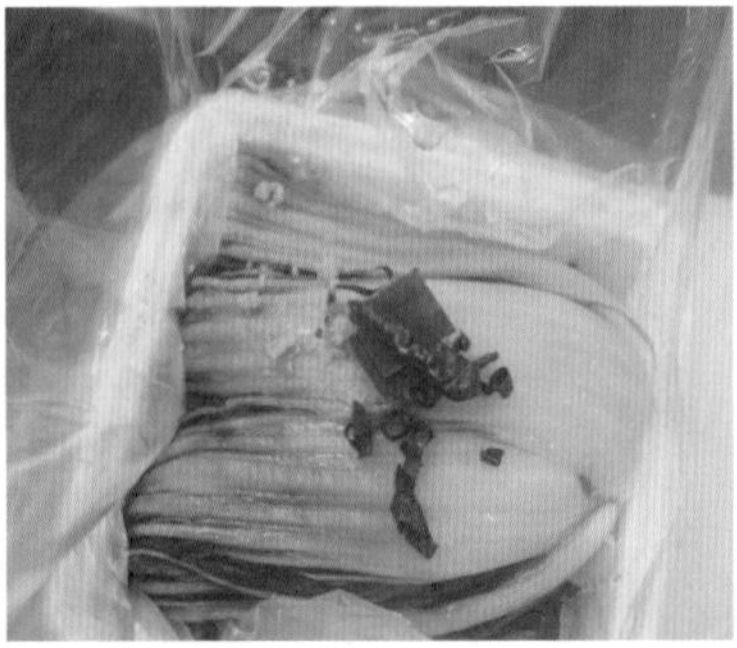

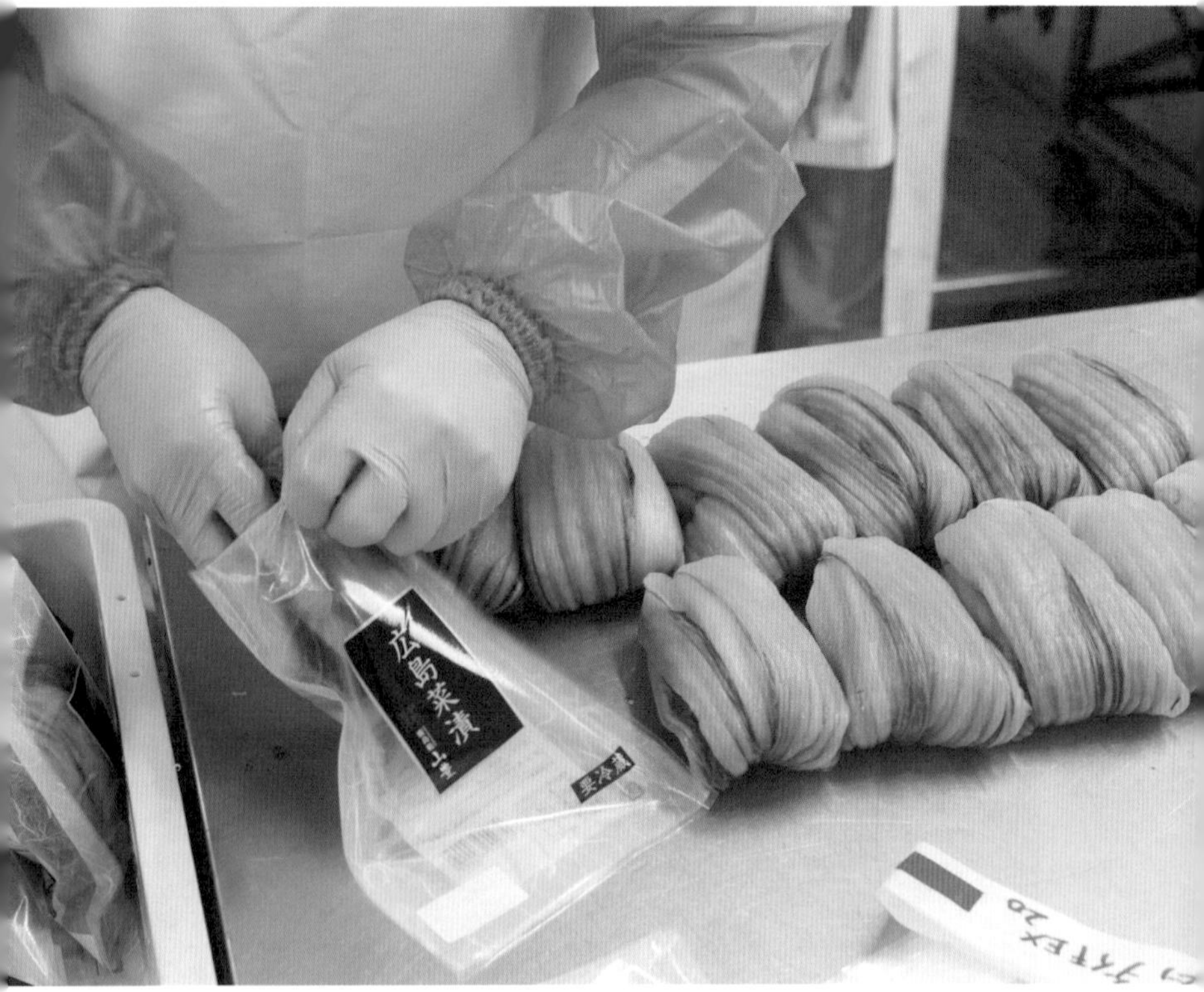

広島菜漬の浅漬けは、発酵が進まないうちに出荷される。発酵が進むと、鮮やかな緑色が変化し、賞味期限が近づくと乳酸菌が増えてきて味が変わる。これが発酵食品である漬物の特徴で、乳酸菌が増えてきた頃が味に深みが増しておいしいという評価もある。

重さ10kgの広島菜の束を軽々と槽に放り込んでいく松本幸文さんは、御年70歳。洗いを終えた菜を計量し、袋詰めをする作業場でも、年配の方が長年の経験と勘でスピーディーに作業をこなす姿を見た。

取材した菜漬工場では、このように熟練の技を持つベテランの働きが目立った。長年の経験を持つ従業員を重用し、定年後の再雇用を促進しているのがその理由。長い歴史のなかで種と栽培技術が継がれてきた広島菜が、同じく長年の経験で技を磨いてきた人の手で漬物になる。そこに広島菜漬の価値があると感じた。

取材協力　株式会社山豊

動画はこちら

広島菜を食べる。

広島菜漬には、浅漬けと本漬けがある。
緑が鮮やかで香り高い浅漬け、
発酵した深い味わいが特徴的な本漬け。
それぞれ違った味を楽しめる。
かつて、関西の牡蠣船で
牡蠣料理の締めのお茶漬けに添えて
人気を博したという
広島の名産を味わってみたい。

広島菜のむすび

白飯を広島菜漬で
包んでむすぶ、
広島ならではのおむすび。

広島菜巻き

のり巻きならぬ、
広島菜巻きは
のりの代わりに
広島菜漬を敷き、
その上に白飯を広げる。
具はシンプルに
削り節やたくあんなど。
のり巻きとはまた違ったおいしさ。

江波巻き

昔、海苔の養殖が盛んであった
現在の広島市中区江波地区で、
食べられていたのり巻き。
焼きのりに白飯をのせ、細かく刻んだ広島菜漬、
削り節、ごまをしょうゆであえたものを具にして巻く。
ゆっくりと食事をする時間のない漁師が
船上で食べたのが始まりといわれる。
漁に出るとき懐に入れられ、
片手で食べても飯がこぼれないよう
両端がのりで閉じられていることもある。
売り物にならない破れのりを
使ったともいわれる。

料理人北岡、ミニ広島菜を料理する。

　広島菜は元来漬け菜として栽培され、1株が2kgほどに成長したら収穫されて菜漬工場に出荷される。成長の過程で間引かれた菜は、間引き菜として野菜市などの小さな市場で売られるか、農家でごま和えや白和えにして食べられてきた。

　近年、広島菜の主産地である川内では、周年野菜として新たに「ミニ広島菜」を栽培。播《は》種《しゅ》して約1ヶ月の若いうちに収穫し、調理用として出荷。小さいながら広島菜特有の香りをもち、食感はやわらかい。

広島菜と厚揚げの煮物

《材料》　4人分

ミニ広島菜
厚揚げ
白身魚(刺し身)
しめじ
かつおだし
各適量

作り方

① 広島菜はさっと10秒程度ゆで、上げてそのまま冷ます。
※水にさらすと水っぽくなるので、自然に冷ますこと。

② だし汁を沸かし、厚揚げ、しめじ、白身魚を入れる。

③ 全体に火が通ったら、ゆでた広島菜を加えて煮る。
※広島菜の味を生かすため、煮込み過ぎないこと。

サーモンの広島菜あんかけ

《材料》　4人分
ミニ広島菜…1束
サーモン…適量
塩…適量
【あんかけ(各材料は適量)】
ゆでた広島菜
片栗粉
かつおだし
淡口醤油
塩

作り方

A サーモンの広島菜巻を作る

① 広島菜はさっと10秒程度ゆで、上げてそのまま冷ます。
※水にさらすと水っぽくなるので、自然に冷ますこと。

② 水気を絞った広島菜を巻きすの上に広げ、その上にサーモンを並べる。このとき、あん用に広島菜を少し残しておく。

③ ②を巻いて輪ゴムで2カ所止め、冷蔵庫で約30分冷やす。

④ ③を3㎝の長さに切る。

B あんを作る

① かつおだしを火にかけ、淡口醤油、片栗粉、塩を加えて吸い物程度の味付けにする。

② ①と、**A**の②で残しておいた広島菜をミキサーにかける。

③ **A**の上に**B**をかけて出来上がり。

料理人の一言

動画はこちら

広島菜は元来漬け菜で、生を調理するには向きません。調理用に「ミニ広島菜」が栽培されているのは料理人として嬉しいです。やわらかく、しかも火を通しても崩れないのでいろいろ料理できます。

料理
日本料理 喜多丘
北岡三千男さん

《第三章》
広島のおたから野菜

みずからとった種を、次代へ継ぐ。
種が記憶する歴史や文化、
かかわってきた人々の想いを
手から手へつなぎ、育て、
食べて、守りたい。

Onomichishi

広島の土と、
人が育んできた
野菜たち。

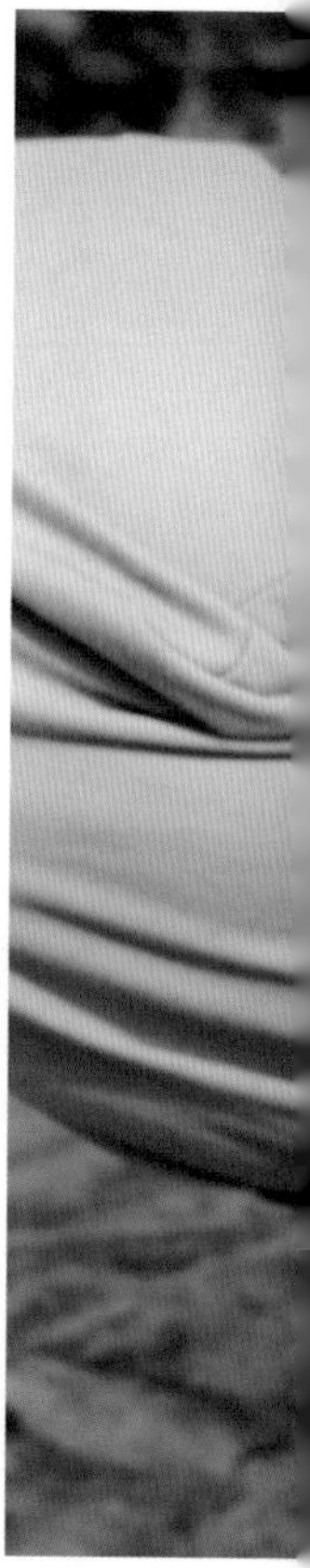

情報があふれる時代に広島の地に根づいた魅力的な野菜、
伝統野菜、在来野菜と呼ばれる野菜について
ほとんど知られていないことに驚きます。
知らなきゃ、消えてなくなっても知らないまま。
それではあまりにも残念です。
広島にどんなお宝な野菜があるのか、
どんな人たちが作っているのか、
知ってください。食べて一緒に守ってください。

地域のご高齢者から、親世代から、
種をバトンタッチし、地域の自慢野菜として
新たな生命を吹き込むべく、若い人たちに希望を託します。

※ここで紹介するのは広島の在来野菜の、ほんの一部です。

伝統と革新を
バランス良く料理する。
それが料理の妙味です。

日本料理　喜多丘
北岡三千男 氏

―広島で日本料理といえば「喜多丘」。フランスの2020年版「ラ・リスト」で、世界のトップ1000店に選ばれた名店です。われわれには敷居が高いお店です。

北岡　そんなことはありませんよ。

―名店として高い評価を得ながら、北岡さんはご自分の足でわざわざ産地に出向き、生産者と会っていますね。

北岡　料理は素材が一番重要です。素材を熟知していなければ、いい料理は作れません。素材の背景にある産地と生産者さんを知れば、素材に愛着がわき、料理する気持ちも変わってきます。

―産地で指導も行っておられますが、北岡さんにとって在来野菜はどのような存在でしょうか。

北岡　生産者を長年見てきている

ので、作る大変さは良く分かっています。いや、じぶんが作っているわけではないので、大変さが分かるなどと軽々しくは言えませんが。それでも、伝統野菜を守る難しさや生産者の皆さんの大変さを常々感じているだけに、心して料理しています。

―料理を召し上がるお客さまの反応は、いかがでしょうか。

北岡　お客さまの声を聞くことは、とても大切なことです。今年の広甘藍はちょっと甘みが足りない、祇園パセリの香りがあまり感じられないとか、お客さまは良くわかっておられる。そうすると、じぶんが調理して火入れが上手くいかなかったのではないかとか、あるいは天候の影響で野菜がうまく生育していなかったのかなど、いろいろ考えます。

　生産者とお客さまの間に立って、生産者の思いを伝え、お客さまが召し上がった感想を生産者にフィードバックする。それによって野菜も料理も成長を続けるのだと思っています。

―北岡さんの料理にはチャレンジが感じられます。

北岡　和食は2013年にユネスコ無形文化遺産に登録されました。季節を大切にした伝統的な食文化が評価されたわけですが、伝統は革新によって守り継がれます。古い伝統を持つ京都が、常に革新的であることからもお分かりでしょう。わたしの料理も同じところに留まってはいません。調理の工夫や見せ方で常にお客さまを驚かせたいと思っています。変わらずあり続ける伝統野菜を新しい創意工夫で料理する、それが生産者さんへのオマージュです。

―生産者さんにとって何よりの励みになりますね。ありがとうございました。

じぶんで野菜を作り始めて
地産地消の豊かさを実感。

イタリア料理 ラ・セッテ
北村英紀氏

―北村さんは石川県のご出身ですね。

北村　はい、加賀野菜が有名な石川の出身です。広島に来てから30年になります。

―今やイタリアンの第一人者として活躍されていますが、広島県産の野菜を自身の料理に使おうと意識されたのはいつの頃からですか。

北村　最初に勤めたイタリア料理店では、イタリアの食材を使うのが当然のように考えられており、イタリアから輸入した野菜などを使っていました。わたしもそれが当然と思っていましたが、意識が変わったのは30歳でイタリアに料理修業に行ってからです。

イタリアの料理人たちは地元の食材に誇りを持って愛しているんです。食べる方も、それぞれの地方でとれる食材の旬に合わせて食べ歩きを楽しんでいます。作り手にも食べる人にも地産地消の意識がしっかりと根づいていて、郷土料理を守り、育てているのです。それがとても魅力的でした。

―イタリアはスローフードの国ですものね。そのような経験から、地元の食材を使って料理したいと思われるようになったのでしょうか。

北村　ええ、そうです。じぶんの店を持ってからは、地元の野菜市に行って食材を調達するようになりました。日々、野菜を見ているとそれらの旬が分かるようになり、身体で季節を感じるようになりました。野菜市に並んだたくさんの野菜を手に取ると、新しい料理の発想も生まれます。

―野菜市では、量販店などではなかなかお目にかからない在来野菜にも出合えますね。

北村　祇園パセリ、広島おくら、広甘藍など、みんな野菜市で初めて見ました。料理してみると、野菜そのものに味があるというか、個性が際立って魅力的です。それらの野菜を使った料理をお客さまにお出しして、野菜の説明をして差し上げると、とても喜ばれます。わたし自身も、そのような時間をお客さまと共有できるのは料理人冥利に尽きるというか、楽しいです。

―料理するだけでなく、ご自身で野菜作りも始められましたね。

北村　かねてから料理に使う野菜をじぶんで作ってみたかったんです。いやあ、楽しいですよ。祇園パセリの産地の一角に設けられた「料理人の畑」※を借りて始めたのですが、農家の皆さんが親切にいろいろ教えてくださるので野菜の育ちが良く、けっこう収穫もできています。とれたての野菜を店で使っていますよ。

―まさに地産地消ですね。ありがとうございました。

※広島市安佐南区祇園にある「料理人の畑」は、一般社団法人むすぶ広島がプロデュース。生産者と料理人の距離を縮め、地産地消の推進を目的としている。

広島のおたから野菜

東広島青なす

ナスは日本で栽培の歴史が長く、地域色を色濃く反映している。最古の栽培記録は奈良時代、以来日本各地に伝わって土地の気候風土に合わせ多様な形で定着した。丸ナス、長ナス、水ナス、白ナス、青ナスと種類も多い。その中で東広島市志和地区に根付いたのが「東広島青なす」である。

おいしいナスを作りたい。
その思いに応えて
この地に種がやって来た。

２０１４年頃から志和で栽培され始めた青ナス、もとは広島県三次地方の在来野菜で「下志和地《しもしわち》青ナス」と呼ばれていた。

志和で農業を始めて間もない『安芸の山里農園はなあふ』の森昭暢《もりあきのぶ》さんが、おいしいナスを作りたいと広島県農業ジーンバンクに相談したところ、薦められたのが下志和地青ナスであった。薦めに従って森さんが広島県農業ジーンバンクから種を預かり、志和で栽培を始めた同じ頃、西条で農業を営む『Classic FARM』の坂田一樹さんも、同じ種を広島県農業ジーンバンクからもらい受けて栽培を開始。やがて青ナスのおいしさに惹かれて栽培する農家が増えていき、協同で産地化をしよう

種取り用の実。7月上旬から約60日間、黄色くなるまで熟成させる。

ということで、青ナス栽培農家7軒で『あおびー倶楽部』を発足。栽培するナスの名称も下志和地青ナスから「東広島青なす」に変更した。

東広島という新たな土地に種が運ばれ、農家が種を蒔き、自家採種を繰り返してこの土地の野菜になったところで、新たな名前をつけてさらに栽培に精を出す。種を受け継ぐ人がいて、土地に根ざし、「あ～おいしい！」と食べる人がいる。在来野菜の望むべき姿がここにある。

自慢の実り、ひとつ残さず食べてもらいたい。

東広島青なすは皮が薄く大変デリケートな野菜で、生育途中に葉が当たるだけでも表面に微かに傷がつくことがある。食味には全く影響のないこれらを廃棄するにはしのびない。そこで、食べるのに支障のない傷ものは「アオトロー」という洒落っ気のある商品名をつけて出荷をしている。

東広島青なすの特長は、とろけるような食感と濃厚な味。加熱することによってとろとろの食感になること。焼きナスにすると、紫色のナスでは出せ

大学生の手作り絵本で、東広島青なすの認知度をあげる取り組みをしている。

ない味わいがあると料理人の間でも高い評価を受けている。

おいしい青なすを実らせるため、土壌を豊かに。

土が良くなくてはいいナスは育たない。森昭暢さんの農園では毎年土壌調査と品質調査を実施し、東広島青なすの糖度と硝酸イオンを測定。数値はあおびー倶楽部で共有し、皆で東広島青なすの健康、安定した品質、収量を目指している。

『安芸の山里農園はなあふ』の森昭暢さん（右）と、『ClassicFARM』の坂田一樹さん（左）

青なすのたたきとろ

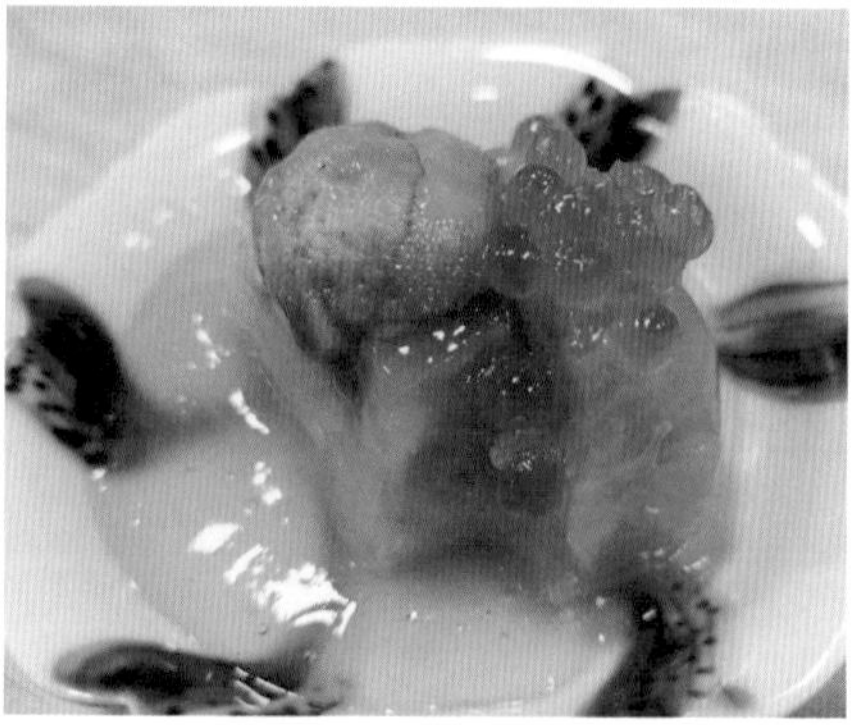

料理
日本料理 喜多丘
北岡三千男さん

《材料》 4人分

東広島青なす … 1本
大和芋 … すりおろし大さじ1
淡口醤油 … 小さじ1
塩、油 … 適量

動画は
こちら

① ナスのガクを包丁で切り取る。

② ナス全体に竹串で穴をあける。

③ 穴をあけたナスを油で揚げる。ナス全体に油が回るよう菜箸でナスを回しながら揚げていく。油表面の気泡が大きくなり、ナスの表面を菜箸でさわってやわらかくなったら油から上げる。

※通常、野菜を素揚げする場合、気泡が小さくなったら油から上げるサインであるが、水分含有量が少ない青ナスは、内側からゆっくりと水分を出すので、気泡が大きくなったら油から上げる。

④ 油から上げたナスを氷水に入れ、緑色に変わったら皮をむく。

⑤ 縦に４本切り目を入れ、横に細かく刻んで包丁でたたく。

⑥ とろみが出てきたらボウルに入れ、
すりおろした大和芋大さじ１を加える。

※大和芋の代わりに長芋でもOK。

⑦ ナスと大和芋をよく混ぜ合わせ、
塩水少々と淡口醤油小さじ１を加えて出来上がり。

⑧ 白身魚の刺し身にのせていただく。

※刺し身の他、蕎麦、うどん、ごはんなどにのせてもおいしい。

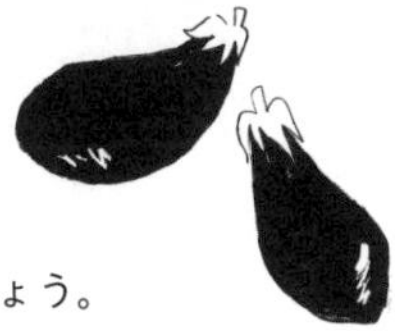

ちょっとメモ

ナスのガクの下に隠れている身の部分も食べましょう。ガクの部分から切り取ってしまわず、包丁でガクだけを切り離します。食べられるところは余さず食べる。ガクがやわらかい時期に収穫されたものであれば、ガクを佃煮にして食べる方法もあります。

広島のおたから野菜

広島おくら

野菜には原産地があり、その種がさまざまな手段で運ばれて世界に広まってきた。夏の野菜としておなじみのオクラの原産地はアフリカ、その種が日本に来たのは明治の頃といわれている。当時は鑑賞用だったものが、食用の野菜として一般市場に出回り始めたのは１９７０年代以降という歴史の浅い野菜である。

オクラの実の形は丸形、五角形、多角形に分類され、広島には多角形の代表種として「広島おくら」がある。

おいしいから、種をとっては作り続けてきた。

広島市農業振興センターの職員が、広島市安佐北区小河原地区で九角形のオクラを確認したのは２０００年（平成12年）のこと。小河原地区の栽培者によれば１９５０年代にはすでに栽培しており、一般のオクラに比べて大きくなってもやわらかいことから、自家採種で栽培を続けてきたとのこと。

その後の調査で、広島市佐伯区五日市地区や広島市安佐北区可部地区でも同様のオクラが栽培されていることが判明し、これらを「広島おくら」と命

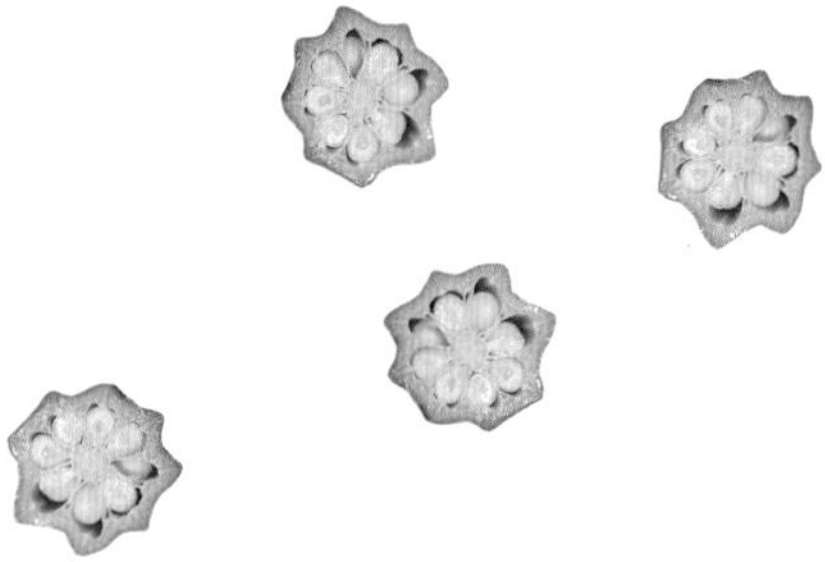

名。広島の在来野菜として育成普及されている。

世界には幾万という野菜の種がある。その中で継がれる種があれば絶える種もある。広島おくらのように「おいしいから育て続けてきた」というのが、種が絶えることなく継がれる最大の要件ではなかろうか。

薄緑色が美しく、たっぷりと大きくて、しかもやわらかい。

一般のオクラの長さが5～10㎝なのに対して、広島おくらは11～15㎝と長め。形状は九角形で丸みを帯び、初めて見た人は、これがオクラかと驚く。実がたっぷりと大きく、やわらかい。うぶ毛が少ないのも特徴。広島の自慢の産品として、広島市安佐北区小河原地区では生産者グループを作り、「小河原おくら」というブランドで地域を振興している。

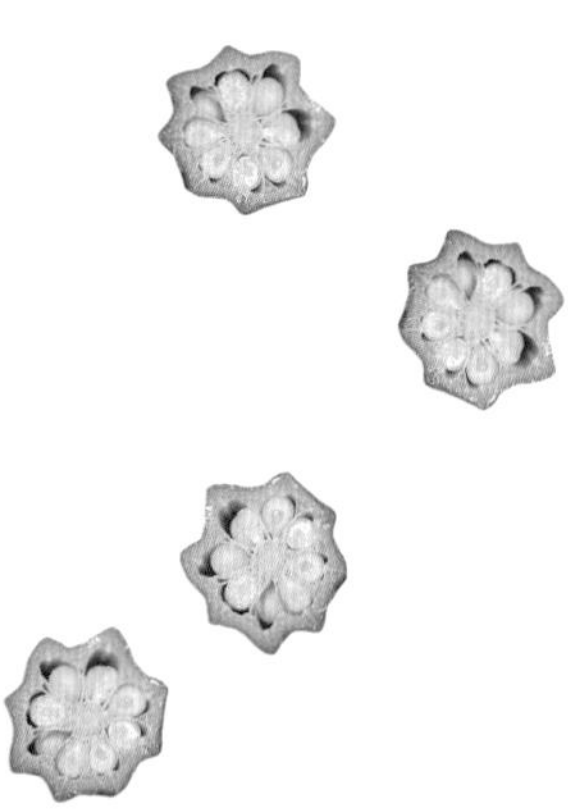

オクラはハイビスカスと同じアオイ科の植物。
花を見ると仲間であることがよくわかる。

ゆでオクラのヨーグルトソース添え

料理
イタリア料理 ラ・セッテ
北村英紀さん

《材料》 4人分

広島おくら … 5本
オリーブオイル … 少々
あればオクラの花 … 1個

〇ソース
水切りヨーグルト … 小さじ1
トマト水 … 大さじ1
オリーブオイル … 大さじ1/2
マスタード … 少々

動画は
こちら

① オクラのガクを切り取り、ガクの回りのかたい部分も削ぎ切る。

② オクラ全体に竹串で穴をあける。

※穴をあけるのは種の部分までしっかり火を通すため。
板ずりはしない。

③ しっかり塩を加えた熱湯で約2分ゆでる。

④ 熱湯から上げて、水分を飛ばしながら冷ます。

※水にさらすと味が抜けてしまうので自然に冷ます。

⑤ 冷ましたオクラを大きめの斜め切りにし、ボウルに入れて
オリーブオイル少々と和えておく。

⑥ ソースを作る。水切りヨーグルト小さじ１、トマト水大さじ１、
オリーブオイル大さじ1/2、マスタード少々を合わせて混ぜる。

※トマト水とはトマトをミキサーにかけ、こして水分だけにしたもの。
トマトコンソメともいう。

⑦ オクラを器に盛り、ソースを添える。

※動画ではオクラの花びらを
刻んだものをソースに加えているが、
なくてもOK。

広島のおたから野菜
祇園パセリ

現在の広島市西区観音地区で、戦前栽培されていたパセリの種を譲り受けたのが「祇園パセリ」の始まりである。１９４７年（昭和22年）に現・広島市安佐南区祇園地区で栽培が始まった。

以来、優良な種の選別を繰り返し、品質向上の努力を重ねて、葉の刻みが細かでやわらかく、香り高いパセリとなった。その歴史は70年以上、全国でも珍しく、おいしいパセリとして高い評価を得ている。広島を代表する伝統野菜である。

飾りじゃない、食べておいしいパセリを守り継ぐ。

祇園パセリは武田山の麓《ふもと》で栽培され、地区のパセリ農家17軒でつくる『祇園町農事研究会パセリ部会』で協同出荷をしている。各農家が毎年自家採種し、その種は一般には販売されず祇園地区から外へ出ることはない。２０２０年（令和２年）には祇園パセリの名称を商標登録し、その名と伝統の品質を守っている。

食べてみて誰もが驚くのが、パセリの概念を覆すおいしさである。料理の彩りとして添えられることが多いパセ

おいしいと評判を聞きつけて飲食店のシェフもやってくる。

リであるが、祇園パセリは料理して食べるパセリである。やわらかく香り高い祇園パセリの特性を活かし、パセリのおひたし、パセリカレー、パセリソースなど、新しい味を生む魅力的な食材として人気が高い。

パセリーヌと呼ばれる女性農家が担い手の中心。

パセリは小さく繊細な野菜である。そのため栽培や出荷作業には、根気強さと手先の器用さが求められる。祇園パセリ栽培の中心メンバーは、細かな作業に労を厭《いと》わない、「パセリーヌ」と呼ばれる女性たちである。毎日畑のそばを通って登下校する小学生が、畑で作業する祖母くらいの年齢の農業者に親しみを込めて呼んだのがその愛称の始まり。パセリーヌたちも通学途中の児童たちに声をかけてもらうのを楽しみにしながら畑で作業をする。

そして、生産はもちろん、地域の小学校で食育出前授業を行ったり、パセリを使ったレシピを学校給食に提供するなど、地域に根ざす野菜の普及に力を注いでいる。

「同じ祇園パセリでも、個々の農家が自分の畑で種をとるので、それぞれに個性がある。栽培の仕方も違います。

パセリーヌさんの器用な手先がパセリを手早く束ねる。

春に花が咲く頃、来シーズン用の種の選別作業が個々の農家で行われる。選別される種に、農家が作るパセリの個性が生まれる。
写真提供／JA広島市

ベテランのパセリーヌたちが作るパセリは、よりやわらかく緻密《ちみつ》で艶《つや》がある。長年の経験と研鑽《けんさん》ですね。あれだけのパセリは私らでは作れない」とは、パセリ部会副会長の庄田俊三さん。

パセリーヌと呼ばれる生産者の皆さん。

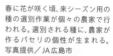

祇園パセリとカブのアンチョビソース

料理
イタリア料理 ラ・セッテ
北村英紀さん

《材料》 4人分

祇園パセリ … 25g
小カブ … 2個

○ソース
祇園パセリ … 350g
アンチョビフィレ … 6g（2本）
松の実のロースト … 10g
にんにく … 1/2かけ
オリーブオイル … 90cc
ゆで卵 … 1/2個

動画は
こちら

① 皮をむいて1㎝幅の輪切りにしたカブを
オリーブオイル(分量外)で焼き、軽く塩こしょうする。

※焼き色をつける程度で歯ごたえを残す。

② パセリを素揚げする。

※パリパリに揚げるコツは、油の音がしなくなったら揚げる。

③ ソースを作る。材料をミキサーにかける。

※パセリの香りを壊さないために短時間で止める。

④ ゆで卵をざるで潰し、②と合わせる。

⑤ カブを皿に並べてソースをかけ、
素揚げしたパセリを添える。

広島のおたから野菜
小泉さといも

里芋は、山に自生する山芋に対し、里で人の手によって栽培する芋だから「里芋」と呼ばれるようになったといわれる（今は、山芋も栽培ものが出回っているのだが）。

一説によると、里芋は縄文時代には中国を経てすでに渡来していたといわれている、わが国で歴史の古い野菜の一つである。

そんな里芋は、広島県の三原市小泉町でも長く栽培されてきた。

それが「小泉さといも」である。

おばあちゃんが作り続けてきた里芋を地元の若者たちが受け継ぐ。

三原市小泉町は、瀬戸内海沿岸からひと山超えたところにある。花崗岩質の白滝山の麓《ふもと》の畑には、清らかでミネラル分を豊富に含む水が流れ込む。水に恵まれた砂地が良質の里芋を育む。

小泉の里芋は大正時代の小泉村史にも栽培の記録が残るほど、古くから栽培されてきた。それを、1979年（昭和54年）に提唱された※一村一品運動の流れで「小泉さといも」としてブランド化。当時は40～50軒の農家によっ

※一村一品運動は大分県で始められたプロジェクトで、各市町村がそれぞれ一つの特産物を育てることにより地域の活性化を図った。それが全国に広がった。

畑から見える小学校の給食にも小泉さといもが使われ、地域で守り、食す。

て盛んに栽培され、県内の里芋生産高の約9割を占めた。

『小泉さといも生産組合』を組織して品質を守ってきた産地であるが、高齢化が進んで生産者が激減。そこで、種芋を譲り受けて栽培を継承したのが地元の若手農家たちである。生産組合の最後の組合長でもあった岡田和樹さんは、「小泉さといもを絶やしてはならない」という思いを持つ地域の有志で『小泉里芋継承会』を結成した。

文句なしの里芋ができるまで8年、惚れ惚れする里芋を後世に残したい。

小泉さといもの収穫は、機械を使わない。ひと株ひと株鍬《くわ》で掘り、手で根ひげをむしり、軍手で土と毛羽《けば》を落としながら磨く。大変手間のかかる収穫・出荷作業であるが、磨かれた芋肌の美しさに小泉さといもの価値がある。「夜遅く、近所のばあちゃん家の納屋に明かりが灯っていると、負けちゃおれんと軍手をはめます。手間を惜しまない作業で小泉さといもは守られるのだと、芋を磨きながらしみじみ思います」と岡田さん。

ひとつひとつ軍手で磨く作業は、畑仕事が終わって日付が変わるまで続く。

小泉さといもの等級規格は大変厳しく、組合員総出で品評をする。岡田さんは栽培を始めて10年目にして、ようやく評価された。これで先人の技を受け継ぐことができると、心底嬉しかったという。

祖父の鍬を使い継ぐように、種を守り継ぎたい。

岡田さんが畑で使う鍬《くわ》は、祖父が使っていた古いもの。１年で２㎝ほどすり減るので、三原市内にある鍬《くわ》鍛冶屋《かじや》で継ぎ足してもらう。鍛冶屋《かじや》が手で打ち出す鍬《くわ》は、作業性がステンレス製とはまったく違うという。一度手放すと二度と取り返せないその価値は、鍬《くわ》も種も一緒。大事に残していきたい。岡田さんの思いがそこにある。

小泉さといもの生産者・岡田和樹さん。

小泉さといもフリットのスープ仕立て

料理　イタリア料理 ラ・セッテ　北村英紀さん

《材料》　4人分

小泉さといも … 500g
ローリエ … 1枚
パルミジャーノチーズ … 大さじ 2
コーンスターチ、油 … 適量
塩 … 少々

○スープ
大根 … 10㎝
白ネギ …1/2本
トマト … 大1個
ベーコン … 2枚
生姜のすりおろし … 1かけ
パセリのみじん切り … 適量
チキンブイヨン … 250cc
オリーブ油 … 50cc

① 水を入れた鍋に皮をむいた里芋、ローリエと塩を入れ、
里芋がやわらかくなるまでゆでる。 ※里芋は必ず水からゆでる。

② ①を熱いうちに粗くつぶし、チーズとコーンスターチを加えて丸める。

※コーンスターチがなければ片栗粉で代用してもOK。
④で作るスープのうま味を片栗粉が吸ってくれる。

③ ②を揚げる。揚げ色がつかないよう白いうちに油から上げる。

④ スープを作る。白ネギは青い部分もあわせて切る。
大根、トマト、ベーコンは1cm角に切る。

⑤ 鍋にオリーブ油を入れて熱し、
ベーコンを加えて炒める。

⑥ ベーコンの色が変わったら④の野菜と
生姜のすりおろしを加えて炒める。

※音が立つくらいの火力で炒めると、野菜のうま味が引きたつ。

⑦ チキンブイヨンを加えて仕上げる。

⑧ スープが熱いうちに、
揚げた里芋を加えて味をなじませる。

⑨ パセリとパルミジャーノチーズをのせて出来上がり。

ちょっとメモ

里芋は和風料理になりがちな野菜ですが、
実はチーズと良く合います。

動画は
こちら

広島のおたから野菜
矢賀ちしゃ

「安心！広島ブランド」
特別栽培農産物認証

ちしゃはレタスの和名で、漢字で萵苣と書く。ヨーロッパが原産で、中国を経由して日本に伝わったという。ちしゃ（レタス）には葉が巻いて球になる結球型と、球にならない非結球型がある。非結球型の方が野菜としての歴史は古く、取材した「矢賀ちしゃ」は非結球型のちしゃである。

義父が種をとり続けたちしゃが、20年の歳月を経て義息の手によって復活。

「矢賀ちしゃ」は、広島市東区矢賀地区で１９８０年代半ばまで盛んに栽培されていた。葉がやわらかく、ほろ苦い味わいが特徴であるが、時代とともに消費者の嗜好が変わって食べられることが少なくなり、矢賀の農家である飯田森一さんの手によって守り続けられた種も、森一さんが亡くなってからは採種をする人もなくなった。

ところが、この後、ドラマのような偶然によって復活するのである。

森一さんの義息、飯田澄雄さんが義父の残した畑を継ぐために１９９２年（平成４年）に公務員を退職して就農。何か変わった野菜を育ててみたいと思い、広島県農業ジーンバンクに出向いたところ、義父の名が記されて保存さ

寒くなり、葉の赤色が鮮やかになるのを待って収穫。

飯田澄雄さんと息子の飯田和浩さん。

れた種を見つけた。広島県内の優良な野菜の種を保存するために各地を回っていたジーンバンクの職員が、矢賀地区を訪ねて森一さんから預かった矢賀ちしゃの種であった。

飯田森一さんは生前、勤め人であった澄雄さんには矢賀ちしゃについて何も話していなかったようで、澄雄さんはジーンバンクではじめて義父が残した種の価値を知った。じぶんが暮らす土地の名がついた野菜でもあり、これはぜひとも継がねばならないと矢賀地区で生産者グループを結成、地区の農業者6人で矢賀ちしゃを復活させたのである。

手間がかかり少量しか作れなくても、昔の味を残したい。

矢賀ちしゃには、夏の「青ちしゃ」と冬の「赤ちしゃ」の2種類がある。今回は、寒さで葉が凍らないよう、自ら糖を蓄えることによって葉が赤くなる冬の矢賀ちしゃを取材した。

「どこでも誰が作っても同じように野菜が安定して育つF1種の台頭で、近年は野菜の味に個性がなくなってき

飯田さんの畑は、JR広島駅から約3㎞の住宅地の中にある。列車の線路沿いに立つハウスの側にいると、新幹線が走るのが見える。

ました。その点、自家採種で栽培する矢賀ちしゃは、クセがあるものの昔の野菜の味を思い出させるものです。この辺りも宅地化で畑の維持が大変になり、矢賀ちしゃの生産者もうちを含めて2軒になってしまいました。しかし、何とかして残したいと思います。幸い息子が農業を継いでくれて、熱心に畑をやっております」と澄雄さん。

種といういのちを繋ぐには、専門的知識をもって保存してくれる施設が必要。

種をとるには経験と技術が必要である。矢賀ちしゃが花を咲かせて種を宿す時期が梅雨時期と重なるため、慎重を期さねば湿気で駄目にしてしまう。

「矢賀ちしゃを自家採種で栽培する農家も2軒に減ってしまいました。このままいくと消滅の危機もあります。私が今ここで矢賀ちしゃを栽培できるのも、広島県農業ジーンバンクが義父の種を保存してくださっていたおかげです。あのときの出合いがなければ、いま矢賀地区に矢賀ちしゃは存在していなかった。土地に根づいた貴重な野菜を末永く残していくためには、大事な種を万全の体制で保管してくれる公的な施設が必要と思います」

矢賀ちしゃのちしゃもみ

料理
一般社団法人むすぶ広島
ベジキッチンひろしま　花井綾美

《材料》　4人分

矢賀ちしゃ … 1株(300g)
焼きさば … 2切れ分(80g)
塩 … 適量

○調味液
酢 … 大さじ2
砂糖 … 大さじ1
醤油 … 小さじ1

① ちしゃは食べやすい大きさにちぎってボウルに入れ、
軽く塩を振って手でもむ。

② ①の水気をよく絞っておく。

※塩をしてもむから「ちしゃもみ」。もむことで苦みをやわらげる先人の知恵。
塩をしてもんだ後水洗いをするレシピもあるが、うまみを損なうので
ここでは洗わない。そのため塩は加減する。

③ 塩さばを焼いて身をほぐし、冷ましておく。

④ 調味液の材料をよく混ぜ合わせる。

⑤ ②と③と調味液をあえる。

ちょっとメモ

ちしゃもみは広島をはじめ山口、岡山、香川などで食べられてきた郷土料理。地域や家庭によって味噌を入れたり、ちりめんなどの具を加えたりとさまざま。食べやすいように「ちしゃをもむ」という知恵は共通しています。矢賀ちしゃの生産者、飯田さんのお宅でも定番のおかずだそうです。ちしゃが手に入らないときは、サニーレタスで代用してみてください。

広島のおたから野菜
安芸津じゃがいも

生産者の甲斐直樹さん、宮本和典さん。

じゃがいもの原産地は南米のアンデス山脈。南米とはいえ、高地であるため寒冷な地である。寒冷地が栽培適地であったじゃがいもを、日本の温暖な気候下でも栽培できるよう長崎で品種改良されたのが「デジマ」。そして、暖地栽培品種の開発基礎をつくったのが、東広島市安芸津町の赤崎地区であるといわれる。

瀬戸内海の温暖な気候に育まれる「安芸津じゃがいも」

広島県のほぼ中央、瀬戸内海に面した安芸津町の赤崎地区でじゃがいもの栽培が始まったのは明治末期という。

そして1947年（昭和22年）、暖地栽培に適した品種改良を進める目的で農林省西条農事改良実験所安芸津試験地がこの地に開設された。その3年後に施設が長崎に移され、暖地栽培に適した「デジマ」が誕生。こうしたことから、じゃがいもの暖地

細かな粒状の土がじゃがいもの表皮を保護する役目をし、皮はきめ細かく美しい。

栽培発祥の地は赤崎地区であるといえるかも知れない。現在、赤崎地区で栽培されるじゃがいもの主な品種は「デジマ」である。

独特の赤土が育てる、赤ちゃんの肌のようになめらかなじゃがいも。

赤崎地区のじゃがいも畑を訪れて、土の色が赤いことに驚かされる。鉄分が多い酸性の土壌で、マグネシウムなどの酸化物も多く含み、ミネラルが豊富。細かな粒状の土質で固まりにくいので通気性が良く、水はけも良い。しかも保水力があるという珍しい性質を持つ。このように土に恵まれ、瀬戸内海の照り返しで太陽の恩恵にあずかる安芸津じゃがいもは、でんぷん質が豊富で、ほくほくとした食感が特徴である。休眠が短いため長期保存に向かず、常に〝新じゃが〟の状態で出荷販売されるので、みずみずしいおいしさを味わえる。

収穫作業のほとんどは手仕事、若い力が安芸津じゃがいもの栽培を支える。

安芸津じゃがいもの品種デジマは成長が早いため、葉がまだ青いうちに急

畑から穏やかな瀬戸内海の景色を眺められる。

おたから野菜　安芸津じゃがいも

ピッチで収穫される。皮が薄く、急いで掘ると皮ずれ（傷）が起きてしまうので、細心の注意を払わねばならない。圃場面積が狭いため大型機械の導入は難しく、小さな機械でそっと掘り起こし、手作業で拾い込みをする。腰をかがめての長時間作業は高齢者には辛い。高齢化によって、年々耕作地が減っているのが現状である。

優れた農作物でありながら、生産量が減っていくのはあまりにも惜しい。

そこで若い力で守り継ごうと頑張っているのが、県外から赤崎地区に移住して安芸津じゃがいもを栽培する甲斐直樹さん。地元生まれの宮本和典さんと協力しあって収穫体験イベントを開催するなど、産地の活性化を図っている。

「じゃがいもが土のなかで育つのを知らない子どもが大勢います。多くの人にこの赤土にふれてもらい、安芸津じゃがいもを食べてもらい、そのおいしさを知ってほしい。そして産地を応援してもらえるよう、いろいろ企画していきたい」と甲斐さん。

「瀬戸内の青い海と赤土のコントラストが美しい。このきれいな風景を観に来て欲しいですね」とは宮本さん。

農業には景観の保全といった役割もある。美しい安芸津じゃがいもの畑は、まさに美しいふるさとを保全する。

安芸津じゃがいものサバイヨンソース

料理
イタリア料理　ラ・セッテ
北村英紀さん

《材料》　4人分

安芸津じゃがいも ... 大2個
ローリエ ... 1枚
クローブ ... 5個
塩 ... 少々
パルメザンチーズ ... 適量

〇サバイヨンソース
卵黄 ... 3個
チキンブイヨン ... 50cc
オリーブオイル ... 15cc
マスタード ... 小さじ1
塩 ... 少々
ローズマリー ... 適量

動画は
こちら

① 鍋に適量の水、ローリエ、クローブ、じゃがいもを入れてゆでる。

② ゆであがったら皮をむき、大きめに割りくずす。

※じゃがいもの皮は油で揚げて塩をしておく。

③ サバイヨンソースを作る。湯をはったフライパンにボウルをのせ、オリーブオイル以外の材料を入れて、ホイッパーで混ぜ合わせながら湯せん。オリーブオイルを少しずつ加えながらさらに混ぜる。

※卵黄とオリーブオイルがなじめばOK。

④ ゆであがったじゃがいもにサバイヨンソースを回しかけ、160～170℃のオーブンで約3分焼く。

⑤ ④を皿に盛り、揚げたじゃがいもの皮と、軽く炒めた水菜を添える。

⑥ パルメザンチーズをふりかけて出来上がり。

ちょっとメモ

安芸津じゃがいもは肉質が繊細なので、
中火でやさしく加熱しましょう。

広島のおたから野菜

なかすじ春菊

春菊の原産は地中海沿岸地域で、欧米では主に花を鑑賞用に栽培し、茎葉を食用にすることはない。若い茎葉を食用にするのは日本、中国、韓国など、ほぼ東アジアに限られる。春に黄色い花を咲かせることから「春菊」と名づけられたという。

地方により、切れ込みの深い葉の形をした中葉、切れ込みが浅くて丸い葉の形をした大葉が見られる。広島で多く食べられるのは大葉で、広島市安佐南区中筋地区で作られる春菊も葉が丸い大葉系である。

昔からの野菜の産地に、良質の野菜を作り続ける農家がある。

広島市の中心街からほど近い安佐南区中筋地区。かつては畑が広がり、優良な野菜の生産地として知られてきたが、今は市街化区域に指定され、戸建ての住宅やマンションが乱立する。

それでも、軒数は減っても今でもなお質の高い野菜を作り続ける農家が健在。住宅の中に小さな畑やハウスが点在する。

個人農家が集まる地区で、基本的には家族経営。取材で訪ねた福島幸治《こうじ》

生産者の福島幸治さん、
福島典映さん。

さん・典映《のりあき》さん親子の作業場もご夫婦4人で出荷のための作業に追われていた。

成功している姿をそばで
見ているから、後継者も育つ。

中筋地区には『中筋野菜生産出荷組合』がある。組合員である個人農家がそれぞれ栽培技術を競い合い、販売面では相互に助け合う。良い意味での競争が生まれ、高い生産技術に磨きがかかる。組合員一人一人の向上意欲も旺盛で、新しいことにも果敢に挑み、常に広島市の農業をリードしてきた組合の一つである。

「受け継がれるべき技術を守り、築いてきたブランドを崩さず、後継者が育つ組合を目指してきた」と元組合長の福島幸治さん。息子の典映さんも勤めていた会社を退職し、農業を始めた。就農した理由は「やらなければきっと

住宅地の中にハウスが点在する。

後悔すると思ったし、農業でも食べていけると確信していた」

中筋に春菊ありと言ってもらえるよう、中筋の組合以外に種は出さない。

野菜の栽培に適した肥沃な砂壌土に恵まれ、良質の野菜の産地で知られる中筋地区において、とりわけ有名なのが「なかすじ春菊」である。

なかすじ春菊は昔から広島で食べられてきた大葉系の春菊で、各農家で自家採種が行われて今に至る。種が異なるため栽培農家によって葉の形や厚みに違いがあり、それが個性となって在来野菜ならではの趣がある。

共通する特徴は、葉がやわらかく香りも優しい。甘みがあり、アクがないことから生食でもおいしい。

春菊は栽培土壌が変わると味が変わるため、なかすじ春菊の種は地区で栽培する組合員以外には出さない。伝統の味とブランドを守るためである。

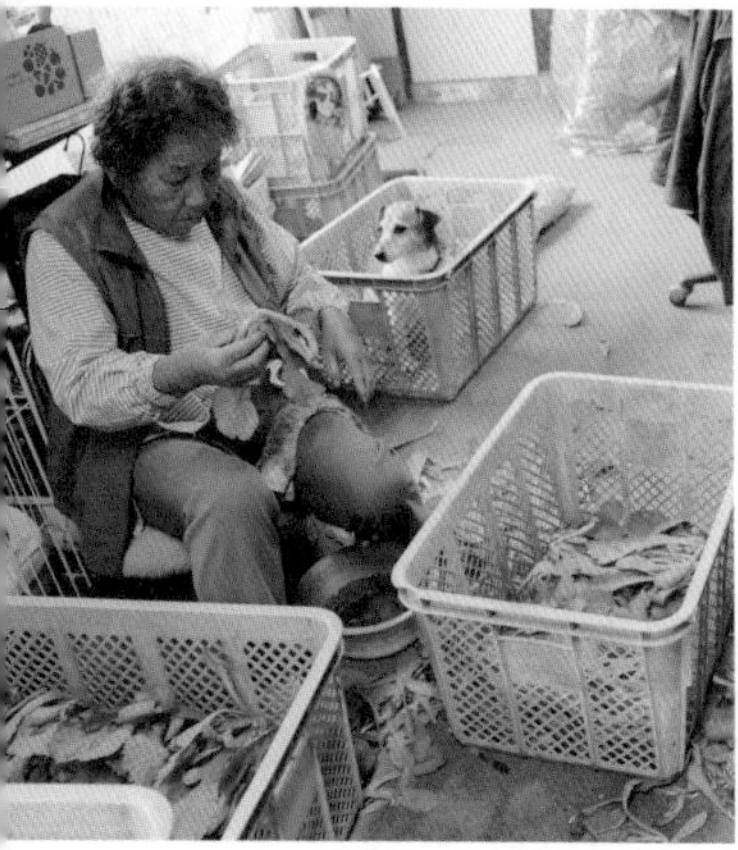
出荷作業も家族総出で行う。

焼き春菊と寒さわらのバルサミコソース

料理
イタリア料理 ラ・セッテ
北村英紀さん

《材料》 4人分

なかすじ春菊 … 1束
さわら … 1切れ
かぶ … 適量
赤大根 … 適量
バルサミコ酢 … 100cc
オリーブ油 … 20cc
あればゆずの皮 … 少々
塩 … 少々

動画は
こちら

① 油をひいたフライパンにさわらをのせ、塩をする。
アルミホイルをかぶせて、水を入れたバットで重石をして
15〜20分置く。

※冷蔵庫から出したさわらを使う場合、常温に戻すことによって
焼いたときに中までしっかり火が通る。
重石をするのは焼いたときに切り身が反らないため。

② バットを取り、アルミホイルをかぶせたまま火が上がるくらいの
強火で焼く。水分が飛ぶ音が小さくなったらアルミホイルを
取ってさわらを裏返し、塩をして弱火で焼き上げる。

③ フライパンにオリーブ油を熱し、
食べやすい大きさに切ったかぶ、赤大根を焼く。

④ かぶ、赤大根に焦げ目がついたら春菊を加えてサッと焼き上げ、
全体に塩をする。

※野菜の味を引きたてるため調味は塩のみ。
こしょうは使わない。

⑤ バルサミコソースを作る。バルサミコ酢を小鍋に入れ、
火にかけて20ccくらいになるまで煮詰める。

⑥ 火からおろし、オリーブオイルを同量合わせて塩を少々加える。

⑦ 皿にさわらをのせ、④の野菜を盛り合わせて
バルサミコソースを回しかける。

⑧ あればゆずの皮をすり下ろす。

ちょっとメモ

バルサミコ酢は、廉価なものでも量が５分の１くらいになるまで
煮詰めて使うと、高価なものに負けない風味になります。

広島のおたから野菜

広甘藍

昭和20年代の集荷風景。写真提供／呉市農業振興センター

古代ギリシャでは胃腸の調子を整える薬草として用いられたというキャベツだが、日本で本格的に栽培され始めたのは明治時代のこと。1945年(昭和20年)頃までは甘藍《かんらん》と呼ばれていた。広島県呉市には当時の呼び名を残すキャベツがある。「広甘藍《ひろかんらん》」である。

市場から姿を消しても、種は守られた。

広甘藍は、明治末期から現在の呉市広地区で栽培され始めた。大正後期には品質が市場で高い評価を受けて、東京、大阪、九州はもちろん中国の大連にまで出荷された。栽培面積は200ヘクタール以上、一時は総勢450名の生産出荷組合を組織するまでに発展した。

しかし、その後は戦争の軍事施設拡張により耕地が激減。戦後、一時は盛り返したものの、市場では味よりも重量が優先されるようになり、重量があって栽培しやすい品種に押されて広甘藍は姿を消してしまった。

生産者が栽培しなくなってからも、呉市農業振興センターでは地道に栽培と採種を続けて種を保存してきた。この地が育んだおいしいキャベツを絶やしてはならないとの思いからである。

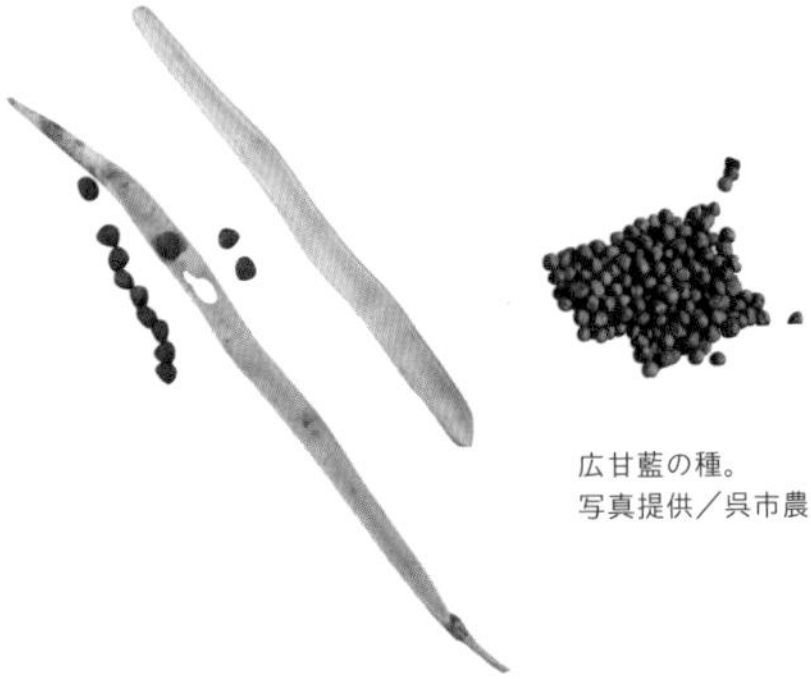

広甘藍の種。
写真提供／呉市農業振興センター

努力の甲斐あり、広甘藍は約50年後に息を吹き返すことになる。

高齢化が進む地域の活性化を図り、広甘藍を復活させてブランド化。

高齢化で農業離れが進む呉市では、農業者の収益向上を図り、後継者の育成を図るため、広甘藍のブランド化に着手した。呉市農業振興センターが生産者に呼びかけ、まずは広甘藍の歴史や栽培方法を学ぶ勉強会を開催。２０１０年（平成22年）には『広カンラン生産組合』を組織した。

広甘藍はやわらかい葉と甘みがあるのが特徴である。それがゆえに、非常に虫がつきやすい。他品種のキャベツと並べて栽培したら、広甘藍の方にだけ虫が寄る結果になったという話もある。虫が寄るからといって農薬の使用は抑えたい。そこで、広甘藍の栽培では手間をかけて防虫ネットが張られる。

生産者の田中慎二さん。

手間をかけて良いものを作る、それがブランドとなり、価値を知る人に高値でも買ってもらえるようになる。手間がかかる割に収量が見込めない在来野菜が生き延びる道は厳しい。しかし、生産性を求めるだけが農業ではないという人たちの思いで生かされていく。

収穫にも手間がかかるけれど、それが広甘藍。

「自家採種を繰り返す野菜は、F1種のように生育が均一ではありません。そろって大きくなるF1種の畑ならば、畝《うね》ごとに収穫できるので作業は早いのですが、広甘藍は畑の中を歩いて穫《と》り頃のものを選んでいきます。一日歩く距離は2㎞以上、時間はかかりますが広甘藍はそれだけの手間をかける価値のあるキャベツですから」と、生産者の田中慎二さん。実は元呉市農業振興センターの職員で、今は農業従事者として広甘藍の栽培に精を出している。センターで守ってきた種を、自らの手で蒔いて育てている。

広甘藍の葉は「照り葉」と呼び、光沢があって美しい。畑が輝いて見えるのはそのためだろう。

広甘藍のサラダ

料理
日本料理 喜多丘
北岡三千男さん

《材料》 4人分

広甘藍 … 150g
温州みかん … 2個
(果肉150g、果皮30g)

○ドレッシング
みかん果汁 … 大さじ2
レモン果汁 … 小さじ1
白ごま油 … 大さじ1

動画は
こちら

① 広甘藍の葉を芯の部分とやわらかい部分に分けて食べやすい
大きさに切る。

② 沸騰した湯で芯の部分をゆでる。透明感が出てきたら上げる。

③ 同じ鍋でやわらかい葉の部分をゆでる。
緑色が濃くなってきたら上げる。

④ みかんは果肉と皮に分け、皮の内側の白い部分は包丁で削っておく。

⑤ みかんの皮をサッとゆでて細く切る。みかんの果肉を袋から出す。

⑥ ボウルにドレッシングの材料を入れて和え、②③⑤を加えて
混ぜ合わせる。

⑦ 皿に盛る。

ちょっとメモ

広甘藍はやわらかくて甘いのが特徴。ゆでると甘さが際立ち、
シャキシャキとした食感が楽しめます。キャベツの葉の芯も
みかんの皮も上手に活かした一品です。

広島のおたから野菜

広島わけぎ

わけぎはユリ科ネギ属に属し、ねぎとシャロットが交雑してできた野菜である。ねぎの仲間ではあるが、ねぎが種子で増えるのに対して、わけぎは鱗《りん》茎《けい》と呼ばれる種球で増える。

一つの種球が50球以上に増えることもあることから、わけぎは関西では「子宝に恵まれる」縁起物として桃の節句に食されるという。その全国有数の産地が広島県にある。

瀬戸内海沿岸と島にビニールハウスが立ち並ぶ「広島わけぎ」。

広島県の東部、瀬戸内海沿岸および島しょ部に位置する尾道市、三原市は全国有数のわけぎの産地である。

尾道市、三原市でわけぎの生産が始まったのは、明治時代といわれる。１９５８年（昭和33年）には当時の尾道市農協、三原市農協、向島町農協が合同の生産組織『広島わけぎ部会』を組織。１９６８年（昭和43年）には「広島わけぎ」というブランドで統一して共同販売を開始した。さらに１９８５年（昭和60年）ごろには周年出荷体制が整い、一大消費地である関西に向けて出荷されている。

貯蔵される種球。
写真提供/全農広島

わけぎ農家が代々自家採種して選別を繰り返してきた。

わけぎ農家のほとんどが家族経営である。長年に渡って自家採種と選抜を繰り返して、それぞれが「自分の家のわけぎ」といえるものを作ってきた。

各農家で選抜されたわけぎだから、特性が出てくる。成長の早いものがあれば遅いものもある。その多様性が周年出荷を実現したともいえるだろう。また、代々受け継がれる技術が産地の生産力となり、他の産地の追従を許さないシェアを築いてきた。伝統的な技術から生まれる品質を守るため、広島わけぎの種は、広島わけぎ部会以外には原則譲渡を禁じている。

収穫したわけぎは、JA集出荷場へ持ち込んで皮むき機にかける。外の葉を落とすことにより美しい姿になる。確かにピンと立った葉は美しい。

「皮むき機や計量結束小袋包装機の導入で、収穫以後の作業労力が大きく軽減しました。採種や栽培技術を磨いて周年出荷体制も構築してきました。これからも『生産量日本一の広島わけぎ』のブランド維持向上に努め、全国のお客さまにご満足いただける良品を栽培、出荷していきたい」と生産者さん。

おたから野菜　広島わけぎ

外の葉をむいて、ブランドにふさわしい美しい商品にする。

生産者の奥本浩己さん。

広島わけぎのぬた

料理
日本料理 喜多丘
北岡三千男さん

《材料》　4人分

広島わけぎ … 3束
（青い葉の部分 120g、白い部分 150g）

あさり … 適量

酒 … 適量

〇酢みそ

酢 … 大さじ2

白みそ … 80g

砂糖 … 40g

動画は
こちら

① わけぎは青い葉の部分と白い部分に切り分ける。

② 鍋に湯を沸騰させ、白い部分からゆでる。青い葉の部分はサッと湯に通す程度で、香りが出てきたら上げる。

③ ボイルしておいたあさりを酒煎りする。あさりがふっくらしてきたら火からおろす。

※酒煎りとは材料と少量の酒を火にかけ、水分がなくなる程度に煎りつける調理法。材料に酒の風味を移すのが目的。

④ 酢みその材料を合わせる。

⑤ 酢みそと②の青い葉をミキサーにかける。

⑥ 皿に②の白い部分をのせ、あさりを添えて⑤をまわしかける。

ちょっとメモ

わけぎと言えば「ぬた」ですが、ぬたとは野菜や魚介を酢みそで和えたもの。トロリとしたみその見た目から「沼田」とも書きます。

広島のおたから野菜

笹木三月子大根

生産者の中村さんご夫妻と笹木功士さん。

大根は、弥生時代から食べられてきたといわれる、私たち日本人になじみ深い野菜である。全国各地に特徴ある品種が見られ、桜島大根、聖護院大根《しょうごいんだいこん》、三浦大根と、形も大きさもさまざまであるが、広島市には「笹木三月子大根《ささきさんがつこだいこん》」がある。

春先に収穫できる 甘く肉質の密な大根を求めて。

広島市安佐南区長楽寺、広島市中心街とベッドタウンを結ぶ広島高速交通アストラムラインが走る沿線に、「笹木三月子大根」の畑は点在する。

笹木三月子大根は、広島市安古市町長楽寺（当時）在住の笹木憲治氏によって育成された※極晩抽《ごくばんちゅう》型の丸大根である。１９６２年（昭和37年）より三月子大根と聖護院大根の交配選別を重ね、１９８０年（昭和55年）ようやく目的とする笹木三月子大根が品種登録された。

笹木氏が求めたのは、耐寒性が強く、一般の大根が畑で花を咲かせる端境期《はざかいき》（穫《と》れなくなる時期）に収穫期を迎える三月子大根と、甘く肉質が緻密な聖護院大根の特性を併せ持った良質の大根であった。

※野菜の花茎（かけい）が伸びて開花することを抽台（ちゅうだい）という。極晩抽（ごくばんちゅう）とはこの抽台が極めて遅い、もしくは抽台しがたい性質のこと。

同じ品種でも、一つ一つの
形に個性が見られる。

甘みが強く、天ぷらにしても
おいしい大根。

笹木三月子大根は肉質が密なだけに水分が少なく、割れやすい。「収穫している間にも、パリンと音を立てて割れてしまいます。収穫後に泥を落とすのも一つ一つ手に持って丁寧に扱わないといけないので大変。春先でも水が冷たくて辛いです」とは、栽培者の一人中村順子さん。

このように生産管理に手間がかかる大根であるため、一時は生産者が減ったが、地元の『近菜高長朝市出荷組合』が笹木家から種を譲り受けて栽培と販売を復活させた。2000年（平成12年）頃には同組合が運営する朝市でおいしいと評判になり、人気商品になった。

笹木三月子大根は煮崩れが少なく、天ぷらにしておいしいのにも驚かされる。大きさがまちまちなので、グラム当たりの価格で売られているのも面白い。

収穫した大根は手で優しく泥を払い落とす。

アストラムラインが走る高架のすぐそばに畑がある。

祖父の大根を未来へつなげたい。

笹木家では憲治氏が亡くなってからは、妻のフジ子さんが笹木三月子大根の種をとり守ってきた。そして、その姿をそばで見てきた孫の笹木功士《こうし》さんがそれを継ぐ。

「詳細な記録を残してくれた祖父、種を守り続けてきた祖母、そして地元自慢の在来野菜として復活させた『近菜高長朝市出荷組合』の皆さんがいたから、笹木三月子大根の今があります。家族や地元の方々の思いを継承しながらチャレンジしていきたい」と、功士さん。

腰をかがめ、冷たい水で洗う作業は辛いが、笹木三月子大根を楽しみに待つ人たちがいるから頑張れる。

笹木三月子大根のステーキ牛肉添え

料理
イタリア料理 ラ・セッテ
北村英紀さん

《材料》 4人分

葉付きの
笹木三月子大根 ... 1/2本

牛肉 ... 350g

レモンの皮のすりおろし ... 5g

オリーブオイル ... 60g

塩、こしょう ... 少々

黒こしょう ... 少々

パルミジャーノチーズ ... 10g

動画は
こちら

① 大根は幅２㎝の輪切りにし、丸型で抜く。抜いた残りはすりおろし、オリーブオイルとレモンの皮のすりおろし少々と合わせておく。

② 大根の葉は、やわらかい葉の部分だけ粗みじん切りにする。

③ ②の半分は160度のオーブンで約6分乾燥させる。

④ ②の残り半分はさっとゆで、少しのゆで汁と一緒にミキサーにかけ、ソースを作る。

⑤ オリーブオイルを多めに入れたフライパンで、丸く抜いた大根を揚げ焼きにし、塩·こしょうする。

⑥ 同じフライパンで牛肉を焼き、薄切りにする。

⑦ 皿に④のソースを敷き、その上に大根をおき、牛肉をのせ、まわりに大根おろしを添える。

⑧ 仕上げに黒こしょうを振り、乾燥させた大根の葉とパルミジャーノチーズをのせる。

ちょっとメモ

笹木三月子大根は水分が少なく糖度の高い大根です。焼くことによって水分がしっかり飛び、大根の持ち味が際立ちます。また水分が少ないため、きれいな焼き目がつきます。

おわりに

多くの方のご厚意や助力に支えられて、この本が出来上がりました。まずは、本文中にお名前はあげていますが、広島の農業者の方々にお礼を申しあげます。繁忙期にお邪魔して作業の手を止めてしまいました。それでも快く取材に応じてくださり、お話を伺うことができました。農業者をご紹介くださった農業関連の方々にもお礼を申しあげます。

広島の野菜をみんなで食べて支えることが大事と、広島を代表する料理人である北岡三千男さんと北村英紀さんのご両名に無理をお願いしました。お忙しい最中の厨房で、広島の野菜がどんな料理になるのか、取材が楽しみでした。本当にありがとうございました。

また、貴重な資料から写真などを引用させていただいた方々にも感謝いたします。広島市立図書館の方々が、時間をかけて資料を探してくださる姿に励まされました。そうして寄せられた資料がなければ、川内の歴史は語れませんでした。

本書の制作資金の不足分を調達するためのクラウドファンディン

グでは「若い農家さんを応援したいから」「広島菜漬が好きだから畑を絶やさないで」「川内に住んでいたから懐かしくて」…と、たくさんのお言葉を頂戴しました。ご購入者リストの最後には、中国新聞社クラウドファンディング担当者のお名前がありました。皆さんの思いが、本というかたちになりました。

広島の農業、川内の広島菜について書くことで、皆さんに関心を持っていただく。そして、みんなで広島の農業を支える入り口になれば幸いと思います。

皆さまに、心よりお礼を申しあげます。

２０２３年　５月

一般社団法人むすぶ広島 代表理事　花井綾美

クラウドファンディング
「130年の歴史ある広島菜の産地 川内の若農家を応援してください！」にご支援くださった方々

ありがとうございます。

ご支援金は本書制作費の一部に充てさせていただきました。

（敬称略・順不同）

池溝　紀子
立川　広秋
来須　圭子
高西　雅博
三浦　美子
井上　誠
上村　隆介
北林　鉄也
合同会社まえだ農園
高岡　秀昭
加藤　史江
佐々木　公生
中島　朱美
安井　直美
中尾　智之
江頭　宏昌
倉本　直幸
園田　美穂
平岩　宏隆
在岡　郁雄
さかうら　りえ
豊原　奈々

鍜治山　直樹
ルンビニ農園
珈琲豆屋大和
北村　聡
平本　美佳
神笠　真一
高西　信彦
丸亀　稔生
坂田　茂樹
原　秀昭
長谷川　亮太
中村　穂湖
桐島　祐子
伊津田　潔
今田　初枝
杉田　利治
荻野　喜江
添田　信行
山本　千曲
中本　由佳里
寺下　のぞみ
井上　正章
佐々木　恭子
坂本　仁史

沖村　和美
尾崎　寛子
濱田　晶子
北島　伸司
井上　仁美
蓼丸　良平
木村　富美
佐々木　弘信
沼田　玲志
増田　泉子
中村　准子
脇本　祐美子
吉田　久子
中西　由美
平田　隼己
三宅　久仁子
登田　恵吾
平山　友美
山中　和久
山下　徹
近藤　彩加
池田　真里子
河内　佳代
河野　恵美子

北村　浩司
岡村　智鶴
西村　元子
橋口　直樹
空井　麻衣子
近藤　彩加
前田　康治
光野　一生
上村　利樹

他45名の方々には広島菜ご購入でご支援いただきました。

※本リストは2020年11月7日〜12月20日に実施したクラウドファンディング運営会社作成のデータによるものです。

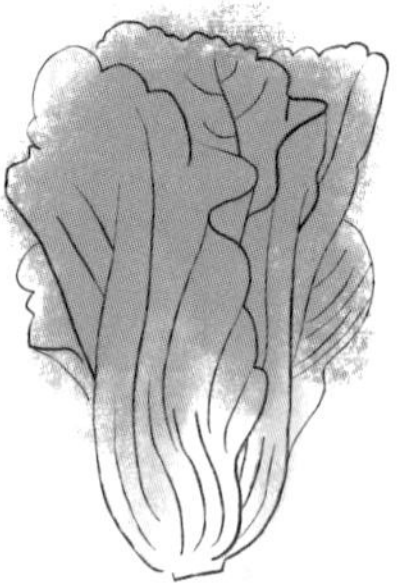

著者

一般社団法人むすぶ広島代表理事
花井綾美

1953年広島県生まれ。広島大学教育学部卒業。2011年、広島県初野菜ソムリエ上級プロの資格を取得。農業と消費者の橋渡し役として、講演、セミナー、マルシェ開催などさまざまな活動を続けている。

ご協力くださった方々

(敬称略・順不同)

JA 広島市 広島菜漬センター
JA 全農ひろしま
JA 尾道市
呉市農業振興センター
JA 呉
廣島魁 山豊
佐東地区まちづくり協議会
広島市立川内小学校
浄行寺15代住職 坂山厚
船越建明
日本料理 喜多丘　北岡三千男
イタリア料理 ラ・セッテ　北村英紀
今田典彦
丸亀稔生
杉田利治

出典・参考文献

神田三亀男編『原爆に夫を奪われて ー広島の農婦たちの証言ー 』
岩波書店、1982年、P.200 ～ 202
神田三亀男著『採訪・広島の食文化 郷土食と食習俗』
農村地域研究会、1985年、P.146
『広島農業』広島農業協会編、1968年、明治百年芸備農業夜話②　広島菜伝来 P.81 ～ 83
『広島菜とその利用 ー第一集ー 』広島農業改良普及所、1989年
『佐東町史』広島市役所、1980年、P.546 ～ 547
増田昭子著『種子は万人のもの 在来作物を受け継ぐ人々』
社団法人農山漁村文化協会、2013年、P.27
三上昭荘著『広島菜栽培地域川内地区の経済地理学的研究』
広島経済大学地域経済研究所、1998年
『創立百周年記念誌 かわうち』広島市立川内小学校編
『わたしたちのふるさと 川内』広島市立川内小学校社会科副読本
『想いでの佐東町 1』佐東地区まちづくり協議会、1996年

土と人と種をつなぐ広島

2023 年 5 月 25 日発行　初版第 1 刷

著者　花井綾美

発行　一般社団法人むすぶ広島
〒 731-0135　広島市安佐南区長束 1 丁目 20 番 3 号
電話：082-238-3803
発売　株式会社ザメディアジョン
〒 733-0011　広島市西区横川町 2-5-15
電話：082-503-5035
FAX ：082-503-5036

編集　安井直美、花井綾美
装丁・デザイン　寺下のぞみ
写真　島本伸一郎
イラスト　おのりえこ

印刷・製本　株式会社シナノパブリッシングプレス

ISBN978-4-86250-771-6